哈佛家训 V

一位哈佛博士的教子课本

[美]威廉·贝纳德◎编著　张　玉◎编译

HARVARD

FAMILY INSTRUCTION

中国妇女出版社

图书在版编目(CIP)数据

哈佛家训. Ⅴ, 一位哈佛博士的教子课本 / (美) 威廉·贝纳德编著；张玉编译. -- 北京：中国妇女出版社, 2016.7

ISBN 978-7-5127-1305-5

Ⅰ.①哈… Ⅱ.①威… ②张… Ⅲ.①家庭教育 - 通俗读物 Ⅳ.①G78-49

中国版本图书馆 CIP 数据核字(2016)第 119947 号

哈佛家训Ⅴ

作　　者：〔美〕威廉·贝纳德 编著　张玉 编译
责任编辑：朱婷婷
装帧设计：蓝指纹图书制造
出版发行：中国妇女出版社
地　　址：北京东城区史家胡同甲 24 号　邮政编码：100010
电　　话：（010）65133160（发行部）　（010）65133161（邮购）
网　　址：www.womenbooks.com.cn
经　　销：各地新华书店
印　　刷：北京凯达印务有限公司
开　　本：170 × 230　1/ 16
印　　张：16
字　　数：250 千字
版　　次：2017 年 1 月第 1 版
印　　次：2024 年 3 月第 7 次
书　　号：ISBN 978-7-5127-1305-5
定　　价：29.80 元

序 言

两千多年前，苏格拉底曾经讲过一句话：“雅典人啊！你们刮尽希腊土地上的每一寸黄金，却失去了你们的儿童，这有什么意义呢?”

这是一句振聋发聩的警告！苏格拉底对雅典人的警告，难道不也是对今天的我们发出的警告吗?

在这个科技和商业飞速发展的时代，我们愿意花费很多的时间和精力探讨一部手机的性能和用法，却不愿意花费同样的时间和精力来关注一个人的教育；我们不惜花费很多时间和精力来比较一款电脑或者一款轿车的外型和颜色，却不愿意花费同样的时间和精力来关注孩子的成长；我们宁可花费很多时间和精力研究一种菜肴或者一种化妆品，为什么就不愿意花费同样的时间和精力，用于满足我们孩子的心灵需求?

我们每天都能看到，就在离我们不远的很多地方，战争仍在继续，各种灾难仍在发生；我们每天都能看到，地球环境正在变得越来越恶劣，很多动物和植物正在渐次灭绝；我们每天都可以看到，许多美德正在被一些人肆意践踏，许多规则正在被一些人漠然扭曲……

这一切不幸，不都是由一个个具体的人亲手制造的吗？而这一个个制造灾难的人曾经不都是一个个天真烂漫的孩子吗？

一个人，无论取得多么大的成功，都无法弥补孩子的失败；一个国家，无论拥有多么强大的物质力量，都无法弥补教育的颓废！

我们都是平凡的人，我们无法改变世界。但是，我们可以改变自己，可以改变一个家庭，改变一个孩子——然后，推动这个世界！

所以，教育是我们最重要的职责，并且，它不是一个人的职责，而是所有人的职责。我们养育自己的孩子，其实并不是在为自己养育孩子，而是在为这个世界。当我们看见别人的孩子，那也不是别人的孩子，他们就是我们的孩子。小的时候，每个孩子只是他们爸妈的孩子，长大了，就是所有人的孩子，因为，他们将一起主宰我们共同的未来。

而此时此刻，他们的命运却掌握在我们手上——父亲的手上，母亲的手上。上帝如此郑重地把他们交给我们，我们将怎样把他们交还给世界？

Harvard Family Instruction

目录

自信——意志力量的主宰

从容——宁静自若的神韵

勤勉——不辞朝夕的耕耘

正 义—— 至高无上的公理

感 动—— 震颤心弦的情愫

命 运—— 贫富荣辱的轨迹

目录

Harvard Family Instruction

目 录

Harvard Family Instruction

教 养—— 身份品位的象征

省 察—— 自我检点的智觉

自信

意志力量的主宰

HARVARD
FAMILY
INSTRUCTION

苹果树

果园里，一棵苹果树开花了，这是它生平第一次开花。

小鸟飞进果园，看见苹果树，叽叽喳喳地说：“好美啊！不是苹果树，简直就是一只海鸥。”

“不是海鸥，”蝴蝶打断小鸟，“我们的苹果树是草原上的洋甘菊、春天里的兰铃草。”

蜜蜂和金龟子也都称赞苹果树，只有风忧郁地扇了一下翅膀，什么也没说。

“风，你等等。”苹果树叫住它，“你说，我到底像谁，是白雪公主还是河面上的云彩？”

“哎，苹果树呀，”风说，“难道你这么愿意像别人吗？”

苹果树很难过，花瓣频频坠落，仿佛是它的泪水和叹息。

不过，苹果树的忧伤并没有持续多久，很快它身上长出了绿色的小苹果。小苹果柔弱无助，需要吃、需要喝，需要浓密枝叶的遮挡，以防夜晚着凉。所以，苹果树再也不考虑自己是不是漂亮了，只想着让它的孩子长得又大又美。

渐渐地，苹果喝饱汁水，变成红色，它们挂在树枝上，就像一只只童话故事中的小灯笼。苹果树非常幸福。

当风来到果园看望它时，它只是骄傲地舒展着枝叶，什么话也没有问。

可是风却飞到它身边，小声说：“你好，苹果树！你好，我的甜美人……”

不要把别人的评价当作自己的人生，不要在别人的夸耀中寻求心灵的满足。

当你硕果累累的时候，自然会有人对你赞美；当你硕果累累的时候，又何须赞美？

诺曼底何时登陆

1944 年，艾森豪威尔指挥的英美联军正准备横渡英吉利海峡，在法国诺曼底登陆，展开对德战争的另一个阶段。

这次的登陆事关重大，英美联军为这场战役投入了巨大的人力、物力，然而人算不如天算，就在一切准备就绪、蓄势待发的时候，英吉利海峡却突然风云变色、巨浪滔天，数千艘舰船只好退回海湾，等待海上恢复平静。

这么一等，足足等了 4 天，天空像是被闪电劈开了一道裂缝，倾盆大雨连绵不绝，数十万名军人被困在岸上，进退两难，每日所消耗的经费、物资，实在不容小觑。

正当艾森豪威尔总司令苦思对策时，气象专家送来最新的报告：天气即将好转，狂风暴雨将在 3 个小时之后停止。

艾森豪威尔明白，这是千载难逢的好机会，可以攻敌人于不备，只是这当中也暗藏危机，万一气候不如预期中这么快好转，很可能就全军覆没了。

艾森豪威尔经过慎重的考虑之后，在日志中写下：“我决定发动进攻，如果事出意外，有人谴责这次行动或追究过失，一切责任由我一个人承担。”然后，他斩钉截铁地向陆、海、空三军下达了横渡英吉利海峡的命令。

艾森豪威尔受到幸运之神的眷顾，倾盆大雨果然在 3 个小时后停止，海上恢复一片风平浪静，英美联军终于顺利地登上诺曼底，这是这场战争获胜的关键之举。

此时此刻，最震撼人心之处，不只是艾森豪威尔的英明决策，而是他在无法料定最终胜负的时候，敢于为自己的决定负责的那份魄力和胆识。

自信是成功的钥匙，好的机遇，常常失之于犹豫，得之于果敢。

差点儿自杀的巨星

英格丽·褒曼 18 岁的时候，梦想在戏剧界成名，可是她的监护人——奥图叔叔却要她当一个售货员或者什么人的秘书。但他知道褒曼非常固执，于是答应给她一次机会，去参加皇家戏剧学院的考试，考不上就必须服从他的安排。

考试的前几个星期，英格丽·褒曼给皇家剧院寄去一个棕色的信封，如果失败了，棕色的信封就会退回来；如果通过了，就给她寄来一个白色信封，告诉她下次考试的日期。

英格丽·褒曼精心准备了一个小品，表演一个快乐的农家少女，逗弄一个农村小伙子。她比他还大胆，她跳过小溪向他走去，手叉着腰，朝他哈哈大笑。

考试那天，英格丽·褒曼登场了，她跑两步往空中一跳就到了舞台的正中，欢乐地大笑，紧跟着说出了第一句台词。这时，褒曼很快地瞥了评判员一眼，使她惊奇的是，评判员正在聊天，他们大声谈论着，并且比画着。英格丽·褒曼见此情景，非常绝望，连台词也忘掉了。她听到评判团主席说：“停止吧！谢谢你……小姐，下一个，下一个请开始。”

英格丽·褒曼仅仅在舞台上待了 30 秒钟就下去了，她什么也看不见，什么也听不见，她只知道自己能做的只有一件事：投河自杀。

英格丽·褒曼来到河边，看着河面，水是暗黑色的，发着油光，肮脏不堪。她想，等她死了别人把她拖上岸的时候，身上会沾满秽物，还得吐出一摊脏水。“唔！这可不行。”于是，她把自杀的念头打消了。

第二天，有人告诉英格丽·褒曼，让她到办公室去取一个白信封。

白信封？她有了白信封？只有录取的人才能有白信封。她真的拿到了白信封！原来，她考取了！

若干年以后，英格丽·褒曼碰到了那个评判员，便问他：“请告诉我，为什么在初试时你们对我那么不好？就因为你们那么不喜欢我，我曾经去自杀过。”

那个评判员瞪大眼睛望着英格丽·褒曼：“不喜欢你？亲爱的姑娘，你真是疯了！就在你从舞台侧翼跳出来，来到舞台上的那瞬间，而且站在那儿冲着我们笑，我们就转身彼此互相谈开了：‘好了，她被选中了，看看她是多么自信！看看她的台风！我们不需要再浪费一秒钟了，还有十几个人要测试呢！叫下一个吧！’”

英格丽·褒曼，这一颗璀璨的巨星，差点儿被一时的消极念头毁灭了！

当你不相信自己的时候，你会发现身边所有的人都在怀疑你，在嘲笑你，在排斥你！

其实，别人都还是原来的样子，是你的自卑在改变你，同时改变了你对世界的感觉。

不要轻易对生活下结论，更不要轻易放弃，等一等，你就看见了转机！

乞丐和画家

乞丐坐在画家工作间的马路对面。他已经在那里"生活"了很久，白天等着路人扔下几个硬币，晚上就和衣躺在路边的长椅上。

有一天，画家突然有了闲暇，他透过窗户，为这个屈服于生活的压力、灵魂深处透出绝望的人画了一幅脸部肖像素描。

画家不拘泥于形似，而是做了几处重要的处理。他在乞丐浑浊的眼中加了几笔，使双眸闪现出追求梦想时的倨傲不羁；他拉紧了这个男子脸上松弛的肌肉，使之看上去充满钢铁般的意志和坚定的决心。

当作品完成后，他把那个贫困潦倒的人叫了进来，让他看那幅画。

乞丐并没有认出画上的人就是自己。"这是谁？"他问画家，后者笑而不语。接着乞丐好像看到画中人和自己有几分相像，犹豫着问道："是我吗？这个人会是我吗？"

"这就是我眼中的你。"画家回答道。

乞丐挺直了腰杆，回应道："如果这是你眼中的那个人，那他就是将来的我。"

乞丐把他的破碗和几件肮脏的衣服全部扔进了垃圾桶，当他来向画家告别时，俨然变了一个人。他说："谢谢，你让我找回了自己！"

几年后，画家再次碰见了这个人，但几乎认不出来了。他的步伐轻快有力，双眸闪现出追求梦想时的倨傲不羁，脸上充满钢铁般的意志和坚定的决心。

他拉着画家的手动情地说：“离开你时我还只是一个流浪汉，后来我找到了一份年薪3万美元的工作，再后来就自己当老板了。现在我有了一个幸福的家庭，有了稳定的生活。这一切都要感谢您，是你让我重获了生活的信心。”

你看起来很棒，真的！如果加一点儿微笑，就会更有魅力。记着，微笑！

当生活失意的时候，我们可以为自己重新画一幅肖像，重新构思一幅生活的蓝图。然后照着新的样子，重新开始。

没有人可以代替我们找回自己，没有人能代替我们实现梦想，只有自己找到了自己，生命才会鲜活地跳动。

打棒球的男孩

有一个小男孩，头戴球帽，手拿球棒和棒球，全副武装来到自家后院。

“我是世界上最伟大的击球手！”他自信满满，把球往空中一扔，用力挥棒，却没有打中。

他毫不气馁，又将球往空中一扔，大喊一声：“我是最厉害的击球手！”

他再次挥棒，可惜又落空了。

他愣了半晌，仔仔细细地将球棒和棒球检查了一番。

他站了起来，要再试一次，这次他仍然告诉自己：“我是最杰出的击球手。”

然而第三次尝试他又落空了。

“哇！”他突然跳了起来，“原来我是第一流的投手！”

如果你一直走到了悬崖，不要绝望，回转身，不就是来时的坦途吗？

我们可以暂时失去成功，但永远也不能失去信心和智慧。

坚强的男子汉

我们不能像鸵鸟一样，只顾把头埋在沙堆里，不肯面对现实。我们并不否认消极因素的存在，只不过我们决不会允许自己沉溺于自我的颓废和消极中。积极思考要求我们在生活的一时一事中学会积极进取的态度。

在一本书上看到过这样一个故事。一个名叫威廉·丹佛斯的人，小时候很瘦弱，就好像许多健身广告里“练习前”的那种瘦身体型。他告诉朋友，他的志向也不远大，他对自己的感觉很差，加上瘦弱的身体，这种不安全感加深了。

但是，后来却发生了很大的变化，他在学校里遇到一位好老师。有一天，这位老师私下把他叫到一旁说：“威廉，你的思想错了！你认为你很软弱，就真会变成这样一个人。但是，事实并非一定会这样，我敢保证你是一个坚强的孩子。”

“你是什么意思?”这个小男孩满脸狐疑地问，“你能靠吹牛使自己强壮吗?”

“当然可以！你站到我面前来。”

小丹佛斯站到老师的面前去。“现在，就以你现在的姿势为例，它说明你正想着自己弱的一面。不对吗?我希望你做的是考虑自己强的一面，收腹挺胸。现在，照我所说的做，想象自己很强壮，相信自己会做到。然后，真正去做，敢于去做，靠自己的双腿站在世上，活得像个真正的男子汉。每天早晨起床的时候，每天晚上入睡的时候，任何一个安静独处的时候，你都在心里为自己勾画一个坚强的男子汉的形象!”

小丹佛斯照着老师的话去做了。后来，他成了布瑞纳公司的董事长。如今他已经85岁了，仍然精力充沛、健康、有活力。他经常对人讲的一句话就是：“记住，要站得直挺挺的，像个大丈夫!”

在心中为自己勾画出一幅清晰的蓝图，这对人十分重要，因为预定蓝图的样子，将会变成现实。一位心理学家说：“在人的本性中有一种倾向：我们把自己思考成什么样，就真的会成为什么样子。”

如果没有思考者到美洲西部去开辟领地，那么美国人至今还徘徊在大西洋沿岸。所以说，对世界最有贡献、最有价值的人，就是那些目光远大且有先见之明的思考者。有先见之明的思考者，才能把常人看来做不到的事情变为现实。

做一个有愿望的人，你此刻的期待，将是你未来的现实。

意念可以铸造人生，如果连梦都没有，春天能指望在哪里开花?

挑战权威

小泽征尔是世界著名的音乐大师，在他年轻的时候，还只是一名默默无闻的指挥家，他之所以能在后来取得很大成就，就是因为他始终充满自信。

小泽征尔曾经参加过一次世界指挥家大赛。轮到他出场的时候，只见他举止从容地走上前台，先向评委们恭敬地鞠了一躬，然后转身面向他的乐队。

演奏开始了，随着指挥棒的挥动，音乐声舒缓地在大厅中奏响。刚开始的时候，一切都很正常，可是，慢慢地，小泽征尔发现曲调越来越不和谐。

一个念头忽然在他头脑中闪过：乐队演奏有问题，是谁出现了错误！他停下来重新演奏，但不和谐音依然存在，这次他意识到，是乐谱有问题！

于是，小泽征尔再一次停止演奏。这一次，他转身向评委提出："这份乐谱有错误。"

"这是不可能的，乐谱不可能会出现错误。"其中的一位评委十分肯定地说。

"不会有错，你放心，这可是标准的乐谱。"另一位评委也随之肯定地说。

这些评委都是音乐界举足轻重的人物，此时，场内所有的人都把目光集中到小泽征尔的身上。他把头低下，站在那儿静静地冥想了一会儿，然后，斩钉截铁地大声说："不！一定是乐谱错了！”

在这一瞬间，整个音乐厅鸦雀无声，时间仿佛凝固了。可是片刻过后，评委席上突然响起热烈的掌声……

原来，这是评委们精心设计的“圈套”，以此来检验指挥家在发现乐谱错误并遭到权威人士“否定”的情况下，能否坚持自己的主张。前几位参赛的指挥家虽然也发现了错误，但终因随声附和权威们的意见而被淘汰。

小泽征尔摘取了世界指挥家大赛的桂冠，是他的自信为他赢得了胜利。

永远不要说“不能”，无论对自己还是对别人。

莎士比亚说：“自信是走向成功的第一步。”如果你不相信自己会成为英雄，那么你永远也成不了英雄。

在自信者的眼中，只有真理，没有权威。

世间存在很多错误，原来不是我们没有能力纠正错误，而是我们根本没有勇气指出错误。

鸡窝里的鹰

很久以前，一座大山上有一个鹰的巢，巢里有 4 个蛋。

一天，突然一阵大风吹过，一个鹰蛋从巢里掉落出来，滚到山谷里的养鸡场，混进正要孵化的鸡蛋里。

一只老母鸡自告奋勇，照顾这只比一般鸡蛋大很多的蛋，鸡们不知道这是个鹰蛋。

过了一些天，一只漂亮的鹰破壳而出，但这只鹰被当作一只鸡来抚养。很快，鹰也相信自己就是一只鸡。

鹰很爱抚育它的鸡妈妈和兄弟姐妹，但是本性又使它无法安于鸡类的生活。

有一天，在养鸡场里玩耍的时候，它抬头看见有一群矫健的鹰在天空翱翔。“啊，”鹰感叹道，“我多么希望能像它们一样在天空翱翔!”

鸡们哄堂大笑，说：“你不可能像鹰一样飞，你是一只鸡，而鸡是飞不高的。”

鹰继续看着天上飞翔的真正的同类，梦想着自己能和它们一同飞翔。

后来，每次当它说想要飞的时候，都被告知它不可能飞起来。鹰也逐渐相信自己飞不起来。

一段时间后，鹰不再梦想飞翔，它平静地继续它作为一只鸡的生活。最后，鹰度过一生，作为一只鸡死去。

想在蓝天飞翔，就不要与鸡为伴；想在大海遨游，就不要与泥鳅同行。

纵然天生是鹰，如果失去了自信，最终也只能像鸡一样地苟活。

导演掌声

影视导演阿尔弗莱德·希区柯克是公认的“悬念大师”。他的作品多以紧张和恐惧为主题，悬念重重，情节惊险曲折，引人入胜。由于他在艺术上的杰出成就，希区柯克去世后被英国女王伊丽莎白二世封为爵士。

希区柯克一生导演监制了59部电影，300多部电视系列剧，其中《39级台阶》《后窗》和《精神病患者》等都是脍炙人口的佳作，但大导演有个奇怪的习惯，他从来不到电影院看自己的影片，就连首映式也不例外。

有记者问希区柯克：“您从不到影院看自己的电影，难道不想知道观众的反应吗？不想听听他们的尖叫和掌声吗？”

“不，不需要，”希区柯克回答说，“拍片的时候，我看到的不是拍摄现场，而是坐满观众的电影院，每一个镜头都是为了赢得他们的尖叫和掌声而拍的，所以我早就知道他们的反应了。”

自信不是傲慢，不是盲目的自大，而是经过了一丝不苟的劳作，经过了艰苦卓绝的奋斗，经过了深思熟虑的完善，最终获得的那份珍贵的信心。

成功者从来不追求掌声，而是追求如何获得掌声。

有没有掌声，在掌声响起之前的很久就已经注定。

“老虎”伍兹的成功秘诀

有一位美国新闻周刊的记者研究了“老虎”伍兹的成功秘诀，归纳了如下一些原因。

一是努力过人。在比赛时所击出的每一个不同落点的球，他在平日已练过千百回，突发状况根本不会让他皱一下眉头。

二是让对手紧张，自己却很镇定。每一个运动选手都明白，上场比赛如果处于紧张状态，迟早会因为粗心而出错。常穿亮眼血红色运动衫的伍兹，一上场就气势如虹，已给对手造成压力；当他上场时，几乎所有的选手都会情不自禁地转身看着现场转播的大银幕，根本无法专心打自己的球，而他却一味地气定神闲，眼中只有小白球。

三是目标远大，他渴望的不只是赢得大赛冠军，而是名垂青史。另一位高尔夫名将克里斯·迪马哥曾经自嘲：“伍兹当然会赢，因为我参加比赛的主要目标是养家活口，而他的目标是每场比赛都赢。”

伍兹是一位有个性的赢家，在得到冠军时，他的表现与其他老将不同，也就不足为奇。一般高尔夫选手赢得比赛，接受记者采访时，口气总是兴奋得不相信自己会赢的样子；伍兹不一样，他本来就觉得自己会赢。万一输了，记者来采访他，他的说法是：根本不相信自己没赢。

付出了足够的努力，就不会经常担心失败；相信自己很优秀，就不必过分谦卑；有了远大的目标，就不会为小的得失而耿耿于怀。

希拉里的偶像

美国前国务卿希拉里曾在自传中写道："我从刚刚懂事的时候起，就钦佩和尊重杰奎琳·肯尼迪。"她在这里提到的杰奎琳·肯尼迪，就是美国第35任总统约翰·肯尼迪的夫人。

克林顿当选总统后，希拉里和杰奎琳·肯尼迪成了朋友。杰奎琳给她的第一个建议是："做一个读很多书的女人。"她邀请希拉里到自己的公寓，那里大量的书籍让敏锐的希拉里意识到，杰奎琳能成为一代传奇人物，最大的秘密是博览群书。

杰奎琳教会希拉里的第二件事是，让她做一个自信的女人。希拉里同杰奎琳一起出海游玩，人们爬到离水面10多米高的甲板上跳水，大家让希拉里也试试，希拉里不情愿地走上甲板，当大家喊着"快往下跳"时，只有杰奎琳说："希拉里别跳，我知道你不情愿跳。不管别人怎么说，你不要听他们的。"希拉里马上清醒过来，从甲板上下来了。

有段时间，媒体攻击"第一夫人"希拉里的发型和着装，希拉里的自信心遭受沉重打击："我已经筋疲力尽，我是不是应该向舆论屈服？"杰奎琳断然地说："你应该做你自己。如果你将自己交给别人，别人就按照他们的意志决定你。"希拉里最终以自己的坚持和自信，使媒体停止攻击。

不仅仅是在应付媒体上，作为总统的参谋，在做出艰难的决断时，她都忠实地履行杰奎琳"不要被别人所动，一定要相信自己"的忠告，终于成为美国历史上"最强势的第一夫人"，也是美国第一位从"第一夫人"的位置上出任国务卿的人。

坚持自我也许会遭遇非议，但如果放弃自我，最后遭遇的就不只是非议，还有蔑视。

不敢为自己而活的人，最终只能生活在他人的阴影里。

迈出第一步

琼斯大学毕业后如愿进入当地的明星报社任记者。这天，他的上司交给他一项任务：采访大法官布兰代斯。

第一次接到如此重要的任务，琼斯不是欣喜若狂，而是愁眉苦脸。他想：自己任职的报纸又不是当地的一流大报，自己也只是一名刚刚出道、名不见经传的小记者，大法官布兰代斯怎么会接受他的采访呢？

同事史蒂芬得知琼斯的苦恼后，拍拍他的肩膀，说："我很理解你。让我来打个比方——这就好比躲在阴暗的房子里，然后想象外面的阳光多么的炽烈。其实，最简单、有效的办法就是往外跨出第一步。"

史蒂芬拿起琼斯桌上的电话本，查询布兰代斯的办公室号码。很快，他与大法官的秘书接上了头。接下来，史蒂芬直截了当地道出了他的要求："我是《明星报》新闻部记者琼斯，我奉命访问法官，不知他今天能否接见？希望您帮我安排一下时间。"旁边的琼斯吓了一跳。

史蒂芬一边接电话，一边不忘抽空向目瞪口呆的琼斯扮个鬼脸。接着，琼斯听到了他的答话："谢谢你。明天中午 1 点 15 分，我准时到。"

"瞧，直接向人说出你的想法，不就管用了吗？"史蒂芬向琼斯扬扬话筒说："明天中午 1 点 15 分，你的约会定好了。"一直在旁边看着整个过程的琼斯面色放缓，似有所悟。

多年以后，昔日羞怯的琼斯已成了《明星报》的大牌记者。回顾此事，他仍觉得刻骨铭心："从那时起，我学会了单刀直入的办法，做来不易，但很有用。而且，第一次克服了心中的畏怯，下一次就容易多了。"

行动比任何忧虑都有用，这是琼斯总结出来的人生哲理。

事情并没有你想象的那么难。难的往往不是过程，难的是开始。

如果你想做一件事，那就马上开始！如果你有了一个梦想，现在就付诸行动！如果你接到一个指令，立刻就出发！

不要等待，不要徘徊，不要退缩！世界本没有障碍，一切障碍，都是你内心的障碍！

骆驼跳舞

骆驼决心成为一名芭蕾舞演员。她说："要使每个动作高雅完美，这是我唯一的愿望。"

她一次又一次练习足尖旋转，反复用足尖支立身体，单腿站立，伸前臂，抬后脚……每天上百次地重复这五个基本姿势。在沙漠炎热的骄阳下，她一直练了好几个月，脚起了泡，浑身酸疼不已，但是她从未想过停下不练。

终于，骆驼说："现在我是一名舞蹈演员了。"她举行了一个表演会，在邀请来的朋友和评论家面前翩翩起舞。跳完后，她深深地鞠了一躬向大家致谢。

没有一个观众鼓掌。

其中有一位发言说："作为一名评论家和这群伙伴的代言人，我必须坦率地对你说，你的动作笨拙难看，你的背部弯弓，圆滚滚的，凹凸不平。你跟我们一样，生来是骆驼，成不了芭蕾舞演员，将来也成不了！"

观众中有人悄悄地讪笑着，有的大声嘲讽着。就这样，他们穿过沙漠离去了。

"他们这样认为可就错了。我刻苦地进行训练，毫无疑问，我已经成为一名出色的芭蕾舞演员了。我跳舞只图自己快活，所以我要坚持不懈地跳下去。"

她真的这样做了，这使她愉快了好些年。

总是按照别人的好恶安排生活，我们的人生就必然黯淡无光。

只要你不放弃，嘲讽你的人就无法改变你，而只能改变他们自己——不相信奇迹的人，怎么能创造奇迹？

氢气球

一天，几个白人小孩正在公园里玩耍，这时，一位卖氢气球的老人推着货车进了公园。白人小孩一窝蜂地跑了过去，每人买了一个气球，兴高采烈地奔跑着、追逐着。

在公园的一个角落躺着一个黑人小孩，他羡慕地看着白人小孩在嬉笑，他不敢过去和他们一起玩，因为自卑。

白人小孩的身影消失后，他才怯生生地走到老人的货车旁，用略带恳求的语气问道："您可以卖一个气球给我吗？"

老人用慈祥的目光打量了一下他，温和地说："当然可以。你要一个什么颜色的？"

小孩鼓起勇气回答说："我要一个黑色的。"脸上写满沧桑的老人惊诧地看了看小孩，旋即给了他一个黑色的氢气球。

小孩开心地拿过气球，小手一松，黑气球在微风中缓缓上升，在蓝天白云的映衬下形成了一道别样的风景。

老人一边眯着眼睛看着气球上升，一边用手轻轻地拍了拍小孩的后脑勺，说："记住，气球能不能升起，不是因为它的颜色、形状，而是气球内充满了氢气。一个人的成败不是因为种族、出身，关键是你的心中有没有自信。"

这个黑人小孩，后来成了美国著名的心理医生，他的名字叫基恩。他经常对病人讲起小时候的这段经历，这段有趣的经历改变了他，后来也改变了很多其他的人。

别在意你原来是什么样子，关键是以后的你会是什么样子。

不要在意你外表的美丑，要在意的是你内心的自信。

最勇敢的士兵

三个美国军官，一个是陆军，一个是海军，一个是空军，职务和军衔一样，都是上校团长。三人正争论谁带兵有方，谁也说服不了对方，最后决定用事实说话，看谁的兵最勇敢。

空军团长叫来一个空军士兵："军士长先生，爬上那根旗杆，然后坐在旗杆上，唱《飞翔，乘着长风飞翔》，唱完跳下来。"

空军军士长回答："是，团长！"然后，他像直升机一样蹿了上去，一口气到了旗杆顶。唱歌、敬礼，然后跳下来，立正姿势落地。团长自豪地说："这就是勇敢！"

海军团长说："你这不算什么，看我们水兵的吧！"他也叫来一个上等兵，顺手交给他一只56式冲锋枪："上等兵先生，爬上那根旗杆，到顶时保持立正姿势，举枪，向我们三人各敬一礼，然后唱《我爱这蓝色的海洋》，然后跳下来。"

"是，上校先生！"海军上等兵果然像鲨鱼一样"漂向"旗杆顶，立正、举枪、行军礼、跳下来。动作干净利落。

陆军团长不屑一顾："这算什么勇敢呀？看我们陆军的吧。"他叫住一个路过的战士："列兵，过来！"

"背上这一套行军装备，还有这包石头，爬上旗杆，立正、举枪、行军礼，唱军歌，然后做两个360度翻转跳下来。"

"报告首长，我是军人，我不能执行这样荒唐的命令！"

陆军团长得意地说："看吧，这才是最勇敢的士兵！"

勇敢源于自信，只有相信自己的判断，才会有正确的决定。

勇敢包括两个方面：坚定地去做正确的事情，无论有多少人反对；大胆地拒绝错误的事情，无论来自何人的指令，无论要承受多大的压力。

青蛙看海

青蛙很想看看海是什么样子。他去问苍鹰怎样才能看见海。苍鹰说："哦，这很容易，只要你登上前面这座高山，就能看见海了。"

"天哪，那么高的山！"青蛙仰起头，吓得吸了一口冷气，"我既没有像你那样有力的翅膀，也没有像鹿那样善跑的长腿，这么高的山，我怎么上得去呢？"

"是啊，这山的确太高了。不过，除此之外，再没有别的办法了。"苍鹰说完，展翅飞走了。

青蛙很沮丧，正要准备回去，一只松鼠跳到了它面前问："你叹什么气呀？"青蛙回答说："我想上山去看海，可这山太高了，我上不去。"

"这石阶你能跳上去吗？"松鼠说完，跳上了一个石阶。

"这有什么不能。"青蛙说着，也跟着跳了上去。

就这样，青蛙跟着松鼠一级级跳石阶。它们累了就在草丛中歇会儿，渴了喝点儿山泉水。不知过了多少天，它们终于跳完所有的石阶，到了山顶。大海展现在它们眼前。

正在山顶歇脚的苍鹰看见青蛙，十分惊讶地问："你不是说你登不上这么高的山吗？"

"是啊！"青蛙回答，"你让我登高山，我连想都不敢想。但松鼠教我跳台阶，却是我能做到的。原来我从来没想到我能上得这么高。"

青蛙固然不能和苍鹰一起飞上蓝天，它却可以和松鼠一起跳上峰顶。不要轻易放弃，只要尽其所能，就一定能梦想成真。

一切美景，都是为那些敢于勇往直前者所准备的。

狮子和标签

狮子醒来，愤怒地团团转，吼声打破了宁静，凶猛威严。

有个野兽和它开了个玩笑：在它的尾巴上挂了张标签，上面写着“驴”，有编号，有日期，还有红红的印章……

狮子很恼火。怎么办？从何做起？这号码，这印章，肯定有些来历。撕去标签？免不了承担责任。

狮子决定合法地摘去标签，它满怀气愤地来到野兽中间。

“我是不是狮子？”它激动地质问。

“你是狮子，”胡狼慢条斯理地回答，“但依照法律，我看你是一头驴！”

“怎么会是驴？我从来不吃干草！我是不是狮子，问问袋鼠就知道。”

“你的外表，无疑有狮子的特征，”袋鼠说，“可具体是不是狮子我也说不清！”

“蠢驴！你怎么不吭声？”狮子心慌意乱，开始对一头驴吼叫，“难道我会像你？畜生！我从来不在牲口棚里睡觉！”

驴子想了片刻，说出了它的见解：“你倒不是驴，可也不再是狮子！”

狮子徒劳地追问，低三下四，它求老狼做证，又向豺狗解释。同情狮子的，当然不是没有，可谁也不敢把那张标签撕去。

憔悴的狮子变了样子，给这个让路，给那个闪道。一天早晨，从狮子洞里忽然传出了“呃啊”的驴叫声。

作为兽中之王的狮子，没有被对手击败，却被一张标签打垮，这是狮子的悲哀。

作为万物之灵长的人类，常常不是为才能和美德所折服，而是被各种头衔和名声所奴役，这难道不是人类的悲哀吗？

从 容

宁静自若的神韵

HARVARD FAMILY INSTRUCTION

等待是美丽的

曾有人问过德川家康：“杜鹃不啼，而要听它啼，有什么办法？”德川家康的回答是：“等待它啼。”

大仲马的巨著《基督山伯爵》的最后一句话令人刻骨铭心：“人类的全部智慧都包含在这两个词中：等待和希望……”

在南美洲安第斯高原海拔4000米人迹罕至的地方，生长着一种花，名字叫普雅花。普雅花的花期仅有两个月，花开之时极为美丽。

谁能想到，普雅花为了两个月的花期竟等了100年。

用100年等待一次花开，等待一次两个月的美丽，值吗？神奇的普雅花也许从来不曾思考这个问题。它只是静静地伫立在高原上，默默地用叶儿采集阳光的芬芳，默默地用根汲取大地的养料，默默地营造自己的花事，默默地等待100年，只是为了用百年一次的花开来证明生命的美丽与价值。

作家希米的《希望井》中有这样一段话：“掉落深井，我大声呼喊，等待救援……天黑了，黯然低头，发现水面满是闪烁的星光。我在最深的绝望里，遇见最美丽的惊喜。”他用诗意盎然的语言写出了耐人寻味的哲理：人生不会风平浪静，生活不会一帆风顺，任何时候都有可能遇到困境，这时候你应该学会等待，在等待中你也许会发现生活的另一个出口。

雨什么时候下？风什么时候起？一个字——等！等，是一种勇气，是一种智慧。

等待是美丽的坚持，只要等待就有希望，而希望是生活的源泉和动力。

希望到来之前是等待，希望到来之后还是等待，因为那时又有一个新的希望了。

其实，生命就是一个等待的过程，我们的一生就是在等待中度过，在等待中享受。

火车提速，我反对

乌奥拉是意大利佛罗伦萨的一位普通公民，他的父母住在300公里之外的锡恩小城。每隔几周，乌奥拉都会带上妻子和孩子，乘坐一列火车去看望父母，陪他们度过一个愉快的周末。

这列火车是一趟慢车，他们每次都是早晨10点上车，下午3点到达锡恩，在这条路上，乌奥拉一家已经走了5年，他们很喜欢这种轻松缓慢的节奏。可是，就在2010年11月，意大利铁路部门计划将这列火车提速，由原来的每小时70公里，提高到每小时150公里。

当乌奥拉听到火车将要提速的消息后，他不仅一点儿都不高兴，而是表示坚决反对。他立即放下手头的工作，第一时间报名参加了乘客听证会。

听证会上，乌奥拉第一个发言，他说："我反对火车提速！"他的理由是这样的——

"每次我乘坐这趟古老的火车回锡恩，旅途中都充满了悠闲和快乐，我和妻子可以尽情地聊天、看书，而孩子们则可以在车厢里随意玩耍，跟其他孩子一起做游戏。如果疲倦了，我们可以看看窗外的自然风光——葱郁的树木、碧绿的山坡、潺潺的河流，还有那些活蹦乱跳的小动物……

"如果火车跑得像风一样快，我们哪有心情去欣赏车外的美景？而且，在这种慢车上，我们也不用担心是不是坐过了站，更不会座椅还没有捂热，又得匆匆收拾行李准备下车。平时上班我们已经足够忙乱，难道周末我们还得这样？”

乌奥拉还说，每次当他通知父母自己打算回去，老人就会在家满心欢喜地等待，早早地用小火炖一锅他最喜欢的牛肉煲或者羊骨汤，这种对即将会面的期待非常美妙。如果火车提速了，可能刚给父母打了通知电话，马上人就到了，这其中没有足够的时间为见面做准备，也少了许多等候的乐趣。

“况且，票价哪怕只是上涨1欧元，对于经常乘坐火车的人来说，也是一笔不小开销，这是铁路部门给他们强加的一笔开支，因为他们不需要火车跑得那么快。”

最后，乌奥拉还认为，火车提速将会带来很大的浪费和破坏。以前的铁轨将要全部被升级换代，固有的地基结构和道路附近的环境都将受到影响，铁路两旁的兔子、松鼠等森林动物，再也不能像以前那样看到火车开来时，才不慌不忙地转身离开。

“我们不赶时间，也不答应‘被提速’，我和我的家人拥有慢慢前行的权利，这个权利谁也不能剥夺。”

乌奥拉的这番高论，出乎意料地得到了其他79名出席听证会成员的赞同，在3个小时之后的表决中，有近三分之二的乘客代表投了反对票。

根据意大利的法律规定，听证会就是为体现政府决策的民主化，其权威性仅次于全民公投。如果听证会上有超过半数的人投了不支持票，那么该项决策就必须取消或重新完善。意大利铁路部门只能遵从投票结果，从佛罗伦萨到锡恩的火车依然保持它“慢腾腾”的速度。

生活的目的地，不是在举目不及的远处，其实就在眼前和脚下。我们飞速地奔跑，丢掉了风景，丢掉了乐趣，丢掉了一路的神奇。

我们快快到达的那个地方，不过是生活的一个端点而已。我们却为了那个点，放弃了一个长长的过程。

春夏秋冬依序而来，生老病死依序而来，人生就是一次旅行，没有回程，也不能修改，我们的脚步为什么要跑得那么快？

诺贝尔奖猝然降临

诺贝尔奖评选委员会宣布2005年获奖名单时，正值美国东部时间10月4日凌晨。

不久，睡梦中的格劳伯教授被一阵电话铃吵醒。他睡眼惺忪地拿起电话，一个热情的声音冲进他的耳朵："你知道吗？你获奖了！诺贝尔文学奖！我一听说就忍不住给你打电话。喂，你在听吗？难道你不太高兴吗？这个笨蛋。"

格劳伯教授漫不经心地听完，然后"咔"的一声挂断电话。

"今天是愚人节吗？"格劳伯教授抬头看了看挂历，又摇了摇头，"一定是哪个同事知道今天要颁奖，所以特意捉弄我。"说完，他又倒头睡去。

不久，又有两个老朋友相继打来电话，说着祝贺的话。"玩笑开大了吧。"格劳伯教授生气地又挂了机。

早晨起来，格劳伯教授像往常一样翻开报纸，发现自己真的获奖了，报纸用很大的版面报道了这件事。他放下报纸，顿时一股苦恼的情绪向他袭来。他开始不安起来，因为很快他就要被迫坐在闪光灯下，或者被请到什么地方演讲，这会影响他宁静的生活，这是他最不愿意见到的。

上午，家里果然来了很多记者，当有人问格劳伯教授如何花费这笔巨额奖金时，他竟然一脸惊讶："什么？还有奖金？"

不计名利地投入工作，成功会猝然降临到你的身边。忘掉成功，喜悦会加倍地存在于你的心中。

复活节的战斗

公元1799年，拿破仑一世派遣大将军马桑拿，率领精锐部队共1.8万人，出兵侵略邻国奥地利。当时的法国军队横行整个欧洲，如雄狮一般所向披靡。

马桑拿的部队首先指向奥地利边界一座名叫弗雷其克的小城。弗雷其克没有正式的军队，面对即将到来的进攻，完全没有任何准备。

在复活节的上午，马桑拿率军来到弗雷其克城外，驻扎在高地上。盔甲鲜亮，旌旗猎猎，将士们耀武扬威地向城内高声呐喊。

全城一片慌乱，居民代表们聚集在一起，商讨该如何向法军投降。会议从早上一直持续到下午，仍然没有商量出一个好的对策。

最后，一位长老发话了，他说："今天是复活节，我们从早上讨论到现在，没有得出任何结论。为什么我们不停止讨论如何投降？为什么不一起来做复活节的礼拜？我建议立即敲响教堂的大钟，召集居民们一起来做礼拜，至于那些法国军队，就交给上帝去对付他们吧！"

于是，弗雷其克城内的各教堂钟声齐鸣，城内居民老老少少都聚集到教堂中，吟唱圣诗，庆祝复活节。

马桑拿将军是一位久经沙场的军人，当他听到弗雷其克城内传来的钟声及圣歌吟唱声之后，立刻陷入沉思，片刻之后，他坚定地对幕僚们说："情势不妙，今天早上我们大军初到时，城里哭声连天，而现在，他们居然开始庆祝复活节。根据我的经验，应该是有援军开到！"

马桑拿与幕僚们认为，不论对方的兵力是虚是实，法国部队孤军深入，处境着实危险，于是立刻下令退兵。

就这样，弗雷其克人没费一兵一卒保住了城池。

如果你有什么烦恼，千万不要着急，坐下来喝一杯咖啡，或者安静听一会儿音乐，或许那个烦恼很快就不见了。

当我们无能为力的时候，不要勉为其难，也不要放弃希望。

满怀信念，机遇终会降临。一切都有最好的安排，一切都是最好的安排。

激动人心的演讲

1941年12月7日，正在参加音乐会的尼米兹被紧急叫到一部电话旁，电话的另一端是罗斯福总统。总统在电话中语气沉重而严肃地对他说："我们的珍珠港被日本人炸毁了，我们的太平洋舰队命悬一线，我决定任命你为太平洋舰队司令，我相信，你能挽救它！"

在珍珠港，清点后的损失报告交到了尼米兹手中，结果令他不忍卒读：7艘大型船舰沉没，6艘遭到重创，飞机损失450架，伤亡3800人……然而，最可怕的是，弥漫在官兵和民众心中无法驱散的绝望和恐惧！

尼米兹立刻致电罗斯福总统，他说："大多数人已经悲观到了极点，他们认为，日本太过强大，美国已变成上帝的弃儿。我要做的事情是，帮助他们找到藏匿在乌云中的霞光。"

在圣诞前夕的平安夜，经过精心准备，尼米兹对士气低落的官兵们发表了圣诞讲话——

"上帝是如此眷顾美国，他让日本人在这次精心策划的袭击中犯下了至少三个致命错误。如果日本人少犯了其中的任何一个错误，太平洋舰队都将不复存在。而现在，我，你们，还有太平洋舰队，都还在这里！"

尼米兹的开篇，吸引了在场所有的人，每一个人都屏住呼吸，生怕漏掉后面的每一个字。

尼米兹继续演讲，他说："第一个致命错误是，日本人将袭击时间定在了周日的早上。恰恰是这一天，每周也只有这一天，十有八九的人都不在船舱里，而是在夏威夷的各处度周末。否则的话，我们损失的将是 3.8 万人而不是 3800 人。”

尼米兹接着说道：“第二个致命错误是，日本人只炸了船舰而没炸船坞。如果船坞被炸毁的话，我们仅存的舰船将无处停泊，大量毁伤的船舰也无处修复，难道将它们拖运到几千公里以外的本土去吗？日本人会给我们这么漫长的时间吗？”

人群中响起了热烈的掌声。

尼米兹更加充满激情地接着说道：“第三个致命的错误是，日本人为我们留下了自卫和复仇所必需的血液——油料，它就在区区 5 英里以外的山上。在当时的情况下，哪怕只有一架日军战机飞到那里，就可以将它们炸得一滴不剩。倘若如此，我们所有的船舰和飞机都将变成动弹不得的一堆废铁。”

说到这里，尼米兹提高了声音，以极富煽动性的腔调吼道：“日本人为什么会犯下如此多的致命错误？只有一种解释：那就是上帝在帮助我们。所以，上帝并没有抛弃我们，他仍然和我们站在一起！”雷鸣般的掌声在人群中响起，经久不息。

一个月后，在尼米兹的决策下，美国海军突袭了日军控制的马绍尔群岛和吉尔伯特群岛，一举击沉了日军 8 艘舰船，这是美国海军在第二次世界大战中的第一次得分，美军士气从此由低沉转向振奋。

对于罗斯福总统在危难之际果断启用尼米兹这件事，后人评价道：“总统深知他是一个乐观主义者，又不是一个盲目的乐天派。事实上，尼米兹的乐观都是建立在敏锐洞察和精确判断的基础之上，所以，他的自信令人信服，令人鼓舞。历史已经证明，罗斯福总统在恰当的时间，恰当地重用了一个非常恰当的人。”

在暴雨滂沱中，看见闪电的绚丽，在满地的荆棘中，发现盛开的花朵……

人生，有多少挫折，就会有多少辉煌，有多少暗夜，就一定有多少星辰之璀璨！

伟大的人，就是在众人失望放弃的时候，他能够重新点燃希望。

不要急

她先听到声音——尖锐刺耳的刹车声，随即见到一辆失控的车，朝着她和4岁的儿子直冲过来。

他们当时站在人行道上等候过马路，那辆黑色轿车在离他们两三米处冲上了人行道，这情景让她一辈子都忘不了。

“天哪，上帝保佑！”她当时下意识地这样说，却又好像没什么把握似的。然后她弯腰紧紧搂住儿子。

“妈，刚才那辆车差一点儿就撞到我们了。”大概过了一分钟，儿子声音颤抖着告诉她。他的手上还拿着那天早上在幼儿园折的纸猫。

这时轿车已经停住，她直起身，慢慢走过去，看见车上坐着一个60多岁的妇人，脸色灰白，双手仍然紧握着方向盘。

“你没事吧?”她问老人。

“有人切到了我前面！”老人惊恐地说。

她打断老人的话，说：“都过去了，也许我们应该祈祷，感谢上帝。”

那一天的情景，一直刻在她的脑海。

从那天至今，她已在院子里种了100多株鳞茎植物，例如蝴蝶花、番红花、水仙花等，都是早春开花的。一位爱好园艺的朋友称之为“与未来的合约”。

那天回家，她告诉丈夫说：“我爱你。”这句话她过去很少说出口。她还写了3张早就该写的纸条，送给她要感谢的邻居。

她拿出笔记本，用心思索之前生活中所冒过的种种风险，仔细回顾当时为什么要那样匆匆忙忙。

“那位几乎撞到我们的女士，当时毫无疑问正仓促赶路。很可能她正在加速，要抢在交通灯转红之前冲过路口。我也并非无过，我和儿子当时站在人行道上，因为我想节省两分钟，打算就在那里跑过马路，而不想多走几步路到交通灯那里去。结果我们几乎送掉了两条命。我决定不再匆忙，慢下来，想想春天，想想院子里的花，还有我们的生命。一切都有限，但都应该有它的意义，不能忘记我们与未来的合约。”

这次事件后的那个星期日，她和丈夫、儿子一起去了教堂，那天所唱的赞美诗正好是对她的叮咛：“请让我们了解生命有限，让智慧在我们心中长存。”

她知道了，生命要慢慢享受，不是去争分夺秒。

安全是最快的速度，从容是最远的旅程。人生是一段美丽的时光，需要慢慢品尝，不要因为一分一秒，错过了一生一世。

幽默机智的警官

杰瑞是一个非常幽默机智的警官，无论什么难题，有他在就一定能迎刃而解。

一天，有 3 位女士为了一件小事而大吵大闹，她们一起来到警察局，你一言我一语地争论不休，谁也不肯让谁先说，几乎要把房顶掀翻，连局长站在一旁都没有办法。这时杰瑞走上来，他一本正经地对她们说："请你们中间年纪最大的女士先说吧。"话音刚落，房间里顿时鸦雀无声。

某日，一男子爬上纽约国际贸易中心的天台，一边大声乱叫，一边做出马上要跳下去的样子。很快，楼下围满了人，包括警察、医生和记者。警长带着一班人马小心上到楼顶，他们轮番喊话，并试图救险，而那名男子却声色俱厉地叫着："别过来啊！谁要是靠近，我就跳下去！"

僵持片刻后，杰瑞带了一名医生走上前，那个人见他们走近，更加起劲地喊起来。杰瑞大声说："我不是来救你的，是这位医生要我来问问你，你死后，愿不愿意把尸体捐献给医院？"听了这句话，这位肇事者马上泄了气，无精打采地从天台上走了下来。

在一次执勤的时候，杰瑞抓住了一名男扮女装的通缉犯。警长问他："罪犯男扮女装，你怎么认得出来？"杰瑞说："我首先发现他不是女人，于是就产生怀疑，然后才发现他就是我们正在找的人。"警长问："怎么发现的？"杰瑞说，"很简单，一个打扮如此妖冶的家伙，走过时装店、食品店和美容院的时候，竟然看都没朝里看上一眼，这难道正常吗?"

在一个闹市区的路口，一位持不同政见者正在发表演讲："如今的政治腐败透顶，我们应把政议院和参议院统统烧掉！"行人越聚越多，交通被堵塞，警察赶到时，秩序大乱，无从下手。杰瑞走上前冲人群大声喊道："我非常赞成大家的意见！现在，同意烧参议院的请站到左边，同意烧政议院的请站到右边。"只听"唰"的一声，人群顿时分开，道路豁然畅通。

你走在别人的路上，我走在你的脚上。哈哈！

有时候，生活就是一个玩笑，没有必要剑拔弩张。

高兴过早

斯彼迪·莫里斯是拉萨尔大学的篮球教练。那个赛季，他的球队表现得相当不错。

一天早上，莫里斯正在洗手间刮胡子，电话响了。妻子接完电话，大声告诉他，《体育画报》的人想跟他谈谈。

莫里斯教练一听，马上就激动起来：天哪，《体育画报》的人找我，而且想跟我谈谈！如果自己的大名能荣登这家著名的体育杂志，他的球队无疑会一夜之间受到全国瞩目，他自己，也立刻会成为风云人物！

想到这一点，莫里斯马上往外跑，结果，他手里的剃刀一下子刮破了自己的脸。

莫里斯不顾满脸血水和刮胡泡沫，直奔向楼梯口，又不小心一个踉跄从楼梯口摔了下去。脸上流着血，身上伤痕累累的教练，不顾疼痛从地板上挣扎起来，抓过电话，气喘吁吁地叫道："喂？喂！"

电话那头传来一阵悦耳的声音："请问，您是斯彼迪·莫里斯先生吗?"

"是啊，是啊！我就是斯彼迪·莫里斯，拉萨尔大学的篮球队教练！"他激动地回答，脸上洋溢着得意的微笑，当然，还同时洋溢着淡淡的血水。

那边稍微停顿了一下，悦耳的声音继续说道："莫里斯先生，因为您是体育界知名人士……"还没等对方说完话，斯彼迪·莫里斯就抢过了话头："谢谢，谢谢！谢谢您的夸奖。哈哈哈！"他实在太兴奋了，你看，对方称他是"体育界知名人士"，那还用说吗？

"因为您是体育界知名人士，斯彼迪·莫里斯先生，"悦耳的声音再次传来，"所以，我们可以为您提供《体育画报》全年优惠订阅服务，每期只需 75 美分。你觉得满意吗？"

斯彼迪·莫里斯的脸色顿时由鲜红变为灰白，他一屁股坐在了地上，话筒落到了地板上。那个悦耳的声音还在继续："斯彼迪·莫里斯先生，要不要我们马上把订单给您送过来……"

莫里斯沮丧地靠在椅腿上，这时他才发现，他的手背也在楼梯上划破了，鲜血把洁白的衬衣袖口都染红了。

属于我们的，它一定会来到我们面前，无论它到达得多晚；不属于我们的，它终会失去，无论我们跑得多快。

欲望不仅使我们的身体失去平衡，也会使我们的心失去平衡。

渔夫和商人

一个到海边度假的商人站在一座小渔村的码头上，看到载着一个渔夫的小船靠岸。渔夫正懒洋洋地斜靠在船沿上，船里放着一些看起来很新鲜的大鱼。商人夸赞渔夫说，他的鱼很大很新鲜，并问他捕这些鱼要花多长时间。

渔夫回答说："先生，用不了多长时间，我才驾船出海几小时而已。"

商人有点儿困惑地说："显然你捕鱼的工夫非常好，你为何不多捕一点儿呢？"

渔夫笑了起来："我干吗要那样做呢？我需要时间做点儿别的事。"

商人又问："那多余的时间你用来做什么？"

渔夫说："我想做什么就做什么。我跟孩子玩耍，陪老婆睡午觉，每晚到村里跟朋友喝喝酒，唱唱歌，或者就像现在这一，躺在船上晒晒太阳。"

商人嘲笑地说："哦，你实在是目光短浅。"他拋出名片，"我能帮助你。依我的看法，你应该每天多花一点儿时间打鱼，用赚的钱换一条大一点儿的船。不出多久，你又可以卖掉大船，再买几艘货轮，你可以自己做生意。你必须雇更多的渔夫，当然，这你不用担心，我刚好认识人能帮你招聘渔夫。"

这时，商人忙拿出笔和纸画着图表。"几年后，"他继续说，"与其把鱼卖给中间人，不如直接卖给加工厂，最后你可以自己开罐头厂。这样，你就能控制产品的生产和销售。当然，你还必须撤离这个小渔村，在市中心找个合适的地点，你知道，你必须扩大你的市场占有率。也许你会搬到更大的城市，在那里你可以完全掌握成功且不断扩大你的生意。”

商人说得有点儿上气不接下气，他稍微停顿了一下，等着渔夫对他的意见表示采纳和感激。

渔夫思考了一会儿说：“先生，这要花多长时间呢?”商人忙着按计算机并在纸上做笔记，然后回答说：“哦，大概……15年到20年吧。”

“先生，这然后呢?”

商人笑着说：“问得好，当时机对了，我会很高兴给你建议，你可以把公司上市，然后出清你手上的股票，你就会变得很有钱。我保证，你可以赚上几亿甚至几十亿。”

“先生，几亿甚至几十亿吗?”渔夫揉着脸颊问道，“那么，接下来呢?”

商人说：“嗯，最后你可以很有钱，退休，选择一个你和家人想要的生活环境，比如说，你可以搬到你喜欢的小渔村住下。你爱做什么就做什么，你可以陪孩子玩，中午陪老婆睡觉，每晚到村里和朋友喝个小酒，唱唱歌，你可以有个美满又充实的生活。”

渔夫歇了一会儿说：“先生，谢谢你给我的建议，不过如果你不介意的话，我想我还是省下这20年，过我现在的生活好了。我现在不就是在这样生活吗?”

人们时常津津乐道的所谓成功，不过是把生活撕碎，再用钞票拼凑在一起的一块镀金招牌而已。

真的幸福，不是让别人看着幸福，而是你自己从心底觉得幸福。

幸福还有一个关键的标准：即使刮掉了所有物质的装饰，你依然能够满足而开心——这才是真的幸福。

错过的清晨

2007年1月12日早上7点20分，一位身穿牛仔裤、T恤衫，头戴华盛顿国民队棒球帽的年轻人，缓步走进华盛顿特区的朗方广场，轻轻打开小提琴盒，面对地铁口不断吞吐的人流，开始演奏起来。

人群匆忙而漠然，没有人注意这个演奏者，没有人停下来聆听哪怕是几个音符。已经有63人从这位小提琴手身旁昂首经过，终于，有一位男士短暂地回了一下头。几秒钟后，一位妇女走过来，向琴盒扔进了1美元。又过了6分钟，有一个人靠着附近的墙站了一会儿，小提琴的旋律似乎引起了他短暂的兴趣。

在这位小提琴手演奏的43分钟内，有7人停下脚步听了至少1分钟，有27人向琴盒投了钱。1070人从他旁边匆匆而过，似乎没有注意到这位音乐家优美的琴声。

这些赶着上班的人不知道，那天早上他们本来可以免费欣赏一场音乐会。演奏者是享有世界声誉的小提琴家乔舒亚·贝尔，那天他演奏的都是最出色的乐章，使用的是一把斯特拉季瓦里乌斯1713年制作的小提琴。

这是《华盛顿邮报》特意安排的一次街头测试：在交通高峰期的忙碌人群中，会有人停步欣赏音乐吗？

“真是一种奇怪的感觉，那么多人，实际上……他们都没有注意到我。”贝尔大笑着说。那天在他演奏的43分钟内，只挣了32美元，而在正规的演出中，他的才能会带给他一分钟1000美元的报酬。

那些赶着上班的人，不仅忽视了乔舒亚·贝尔，忽略了音乐，他们其实也忽略了那个早晨所有美好的东西——灿烂的阳光、鲜活的空气、快乐的脚步声……

他是准备跳水，还是在追寻梦中的朝阳？

我们的灵魂跟不上我们的脚步，我们的心被遗落在路上。有多少风景转瞬而逝，有多少人交臂而过，伴随匆忙的我们，只是一段空洞的岁月。

ABC 处事法

在机场航站楼边，一个行李员正帮一个旅客搬行李，无意中，他弄掉了这个人的一个箱包。他赶快收拾起掉落的行李，并且为他的过失道歉。然而旅客一点儿都不领情，大发脾气，言辞激烈，粗暴地骂那个行李员笨拙。

叫骂过程中，那个行李员始终都是一边微笑着一边道歉。那个暴怒的旅客一直不停地训斥，直到他要去赶飞机时才停止。即使这样，那个行李员依然保持着平静和微笑。

排队等候的另一位顾客目睹了整个事件，对行李员的职业水准和控制力赞叹不已。“我从没见过如此的克制与谦卑，”他说，“当别人这么恶毒地攻击你时，你是怎么保持冷静的?”

行李员笑一笑，他道出了自己的见解。听说过“ABC 处事法”吗? “A”表示“引发事件”，比如你遇到交通堵塞，塞车就是那个引发事件；“B”表示你的“信念系统”，就是你怎样看待这个问题，也许你相信交通会越来越糟，或者你觉得堵一会儿车也没有什么了不起；“C”代表“事件结果”，你开始生气，你想要鸣汽车喇叭，你的胃扭成了一团，你用拳头使劲砸仪表盘。

很多人会从“A”直接跳到“C”。他们遇到塞车就暴怒，他们认为塞车让他们难受，他们认识不到他们根本没必要愤怒，他们漏掉了最重要的一步。

我们再试一遍。“A”——你遇到塞车；“B”——你认为你得到了意外的时间可以一个人待会儿，听听音乐，享受一下这段时光，或者计划一下后面的事情，或者扭头看看周围的风景；“C”——结果就是你会感激这份时间的礼物。

塞车本身没有让我们发怒的魔力，它只是让车子停下来而已。有时你在路上碰到自己喜欢的人，你不也一样会停车吗？那时候，你为什么没有发火？所以，我们要知道，在“引发事件”和“结果”之间的B是我们所能控制的。

下次你遇到问题，无论在家里还是在单位，也无论大小，先决定你对这件事要采取什么态度。试试这个“ABC处事法”，也许你改变不了“A”，但是试着把握“B”，当你改变了想法，你也就改变了“C”，改变了事情的结果。

生活看起来是多么复杂，但是，当我们平心静气地一想，它其实就像ABC一样简单。

忽略那些我们无法把握的事物，把我们可以掌控的紧握在手中，改变自己，改变生活。

从容一生

管理专家对听众提出一个问题：一分钟我们能做多少事？答案自然是一分钟能做很多事，比如一分钟可以阅读一篇五六百字的文章，可以浏览一份多版面的日报，欣赏几个精彩的广告短片，跑 400 米，打出一个电话，做 20 多个仰卧起坐等等。

鼓励人们在一分钟内做更多的事情，或者为了工作节约每一分钟，自然是件好事。但这表面上看似积极的问题和答案，实际上掩盖了急功近利的心态，会让大家产生一种急促感，像蚂蚁一样匆匆忙忙地跑来跑去，一心想着尽可能地多做些事情，却不再有从容的心态去做事情，尤其是不再去思考什么是真正重要的事情。

人生如何过得更有意义，并不在于争得每一分钟，而在于生命作为一个整体其内涵有多丰富。内涵的丰富来自对生命完整意义的追求，而不是每一分钟能做多少事情的匆忙。如果因为追求每一分钟的充实而迷失了一生，实在是得不偿失。

曾经有一个人，因为偶然在地上捡到了一枚金币，从此每天都低头寻找，一辈子过去了，他捡到了几千枚钱币、几万颗钉子，还有数不清的纽扣，这些东西加起来也不值几个钱。等到他老去的时候，背驼了，眼花了，想直起腰来看一看远方的风景都不可能了。

很多人对待时间也像这个人一样，争取了每一分钟的忙碌，却错过了一生的风景。

安静地坐一分钟，看一看窗外的云彩，感受一下嘈杂中的宁静，回忆一段精彩的往事，品味一个开心的笑话。也可以什么都不做，等着一分钟过去……

什么都不做，生活依然会那样美好！

一粒糖果的诱惑

在一个寂静的午后，美国得克萨斯州一所小学里弥漫着鲜花的芬芳。这时候，有8个小学生被老师带出教室，来到了校长室旁边一间很大的屋子里。玻璃窗上洒满明晃晃的阳光，鸟儿从树梢轻盈地飞过。正当学生们强压住内心的好奇，凝神等待着将要发生的一切时，老师领着一个陌生人走了进来。

这个人一脸和蔼地来到孩子们中间，给每个人都发了一粒包装精美的糖果，并告诉大家："这糖果是属于你们的，可以随时吃掉。但如果谁能坚持到我再次回来时才吃，就会得到两粒同样的糖果作为奖励。"说完，他和老师一起转身离开了。

等待是漫长的，许诺是遥远的，而那颗糖果却真真切切地放在每个孩子的面前。

时间一分一秒地过去了。糖果对孩子们的诱惑也越来越大，伴随着窗外苹果花的芬芳，这种诱惑几乎不可抗拒。有的孩子为了不去看那颗诱惑人的糖果，他们捂住眼睛或是背转身体，还有的孩子开始做一些小动作——踢桌子、拉自己的袖子，有的甚至用手去击打糖果。

有一个孩子坚持不到 3 分钟就放弃了，他忍不住剥掉了糖纸，把糖放进嘴里并发出"啧啧"的声音。受他的影响，有几个孩子也坚持不住了，他们终于成了诱惑的俘虏。但仍有几个孩子在千方百计地控制着自己，并成功抵抗住了对糖果的欲望。

那是一个比暑假还漫长的30分钟。但陌生人最终回来了，并且兑现了自己的承诺，那些付出等待的孩子如期得到了应有的奖励……

事实上，这是20世纪60年代美国斯坦福大学心理学教授沃尔特·米歇尔设计的一个名叫“延迟满足”的心理实验。后来，沃尔特·米歇尔教授对这些孩子整整跟踪研究了20年。他发现，能够在“延迟满足”试验中坚持下来的孩子，各科的成绩要比那些熬不住的学生平均高出20分。走向社会以后，他们取得成功的概率也比其他孩子高得多。

所谓“延迟满足”，就是我们平常所说的“忍耐”。为了追求更大的目标、获得更大的成功，我们首先必须克制自己的欲望，放弃眼前的诱惑。

或许有人会嘲笑那些为一颗糖而动心的孩子，但是，如果换成我们自己，如果面前不是一颗糖，而是别的什么，又有多少人能够耐心等待呢？

世界上有两种考验人的事情：抵御唾手可得的诱惑，等待尚未兑现的许诺。对于前者，必须有勇气断然放弃，对于后者，应该有耐心慢慢守候。

其实，诱惑或者承诺都是身外之物，没有它们的时候，我们一样在生活。只因为无法舍弃的贪心，才使得我们亟不可待。

牵着蜗牛去散步

上帝交给麦克一个任务，叫他牵着一只蜗牛去散步。可是蜗牛爬得实在太慢了，所以，他也不能走得快。

蜗牛“哼哧哼哧”地朝前爬，但为何每次总是那么一点点？

麦克又是催促又是吓唬又是责备，蜗牛只是用抱歉的目光看着他，仿佛在说：“我已经尽力了，我不能走得更快……”

麦克又气又急，对蜗牛又拉又扯又踢，蜗牛受了伤，爬得越发慢了。它流着汗，喘着气，头昏眼花，可是，它没有停下来，继续向前……

“真奇怪，为什么上帝叫我牵一只蜗牛散步？上帝啊！为什么？”麦克在心里不停地抱怨，不停地生气。

天上一片安静，上帝没有回答他。“唉，也许上帝又去抓蜗牛去了！”好吧，松手了！反正上帝不管了，我还管什么！

他让蜗牛慢慢往前爬，自己跟在后面慢慢向前移步。“我何不像蜗牛那样呢？”他不再生气，也不再催促。

咦？突然，麦克闻到一缕花香，原来这边还有个花园。他又感觉到了微风，原来夜里的风这么温柔！慢着！还有鸟叫，他又听到了虫鸣！看那满天的星斗，多亮丽啊！

“我以前怎么没有这般细腻的体会？”麦克恍然醒悟，“莫非是我错了？是上帝派一只蜗牛带着我去散步吗？”

在蜗牛的世界里，速度从来不是生命的首要选择。它们不慌不忙地行走，不慌不忙地思考，不慌不忙地望着世界上的一切。它们重视的不是前面的路，而是眼下的路，而是眼下的时光。

蜗牛为什么这么慢？因为，它们喜欢。它们用慢的生活，嘲笑我们的浮躁，警示我们的过错。

勤勉

不辭朝夕的耕耘

HARVARD
FAMILY
INSTRUCTION

好学的西勒尔

“忍冻学习的西勒尔”，是一个为犹太人所熟悉的故事。

西勒尔年轻的时候，抱着一个很大的志向，那就是专心致志研究《犹太教则》。可是，他没有足够的时间，也没有充裕的金钱，他的愿望显得有些遥不可及，因为他实在太穷了。

左思右想之后，他发现了一个可以完成心愿的办法：拼命地工作，靠工钱的一半过活，把剩下的钱送给学校的看门人。

“这些钱给你，”西勒尔对看门人说，“不过，请你让我进学校去听课，我很想听听贤人们在说什么。”

西勒尔就靠着这种办法听了不少课，可是他的钱实在太少了，到最后他连一片面包也买不起。这时候，让他感到难受的并不是饥饿，而是看门人拦住了他，不再让他走进学校一步。

怎么办呢？他终于找到了一个好办法。他沿着学校的墙壁慢慢爬上去，然后躺在房顶的天窗边。这时候，他就可以清楚地看见教室里面上课的情形，也可以听到教师讲课的声音。

安息日前夕，天寒地冻，冷风刺骨。学生们照常到学校上课，可是，屋外阳光灿烂，屋里却漆黑一片。学生们很纳闷儿，为什么会这样呢？

原来，是西勒尔躺在天窗上，他的身上积了一层白雪，人已经冻僵了——为了等待早晨听课，他在天窗上躺了整整一夜。

从此以后，凡是有人以贫穷或者忙碌为借口不去求学，人们就会问：“你比西勒尔还穷吗？你比他还没有时间吗？”

时间就像海绵里的水，如果你愿意，总能挤出一些。

事实上，因为想学习才有时间，而不是有时间才想学习。

一个热爱学习的人，才能进步；一个热爱学习的民族，才能强盛。

达·芬奇画蛋

达·芬奇是意大利文艺复兴时期的美术家、自然科学家、工程师。他出生于意大利佛罗伦萨城附近的芬奇镇，父亲是当地的公证人，母亲是家庭妇女，而且很早就去世了。

达·芬奇从小就很聪明，长得也很漂亮，惹人喜爱。上小学时，他各门功课的成绩都很优异，算术课上他提出的一些问题，经常使老师束手无策。课余时间，他的爱好是绘画。他在木板上、地面上、墙壁上能够无师自通地画出栩栩如生的蛇、蝙蝠、蝴蝶、蚱蜢……父亲见了，非常欢喜。邻居们见他画什么像什么，都亲切地称他为“小画家”。

达·芬奇14岁那年，父亲把他送到了当时的欧洲艺术中心佛罗伦萨，拜著名的画家、雕塑家和建筑师费罗基俄为师。父亲本来不想让孩子学画，希望他子承父业，当一名律师。但儿子对绘画的非凡热情，把固执的父亲征服了。

费罗基俄对学生的要求很严，他的教法也很特别。达·芬奇来到画室的第一天，老师就让他学画鸡蛋，第二天还是学画鸡蛋，第三天仍是这样。无休止地画呀画呀，枯燥乏味极了，就这样画了一年。芬奇画腻了，心里想：“这有什么必要呢？一笔下去画一个圈儿不就行了吗？”

费罗基俄仿佛一眼就看穿了学生的心思，他对达·芬奇说：“别以为画蛋很容易、很简单，要是这样想就错了。在1000个鸡蛋当中，从来没有两只蛋的形状完全相同，即使是同一个蛋，只要变换一下角度，形状便立即不同了……所以，如果要在画布上准确地把它表现出来，非要下一番苦功不可。”

听了这番教诲，达·芬奇懂得了老师的苦心，就不停地练习基本功。他每天一大早就对着鸡蛋画起来，直到夜深人静了，仍然认真地画鸡蛋。经过3年的努力，达·芬奇的技艺大长，他画的鸡蛋各具形态、惟妙惟肖，对色彩的感觉敏锐了，线条的把握准确了，手中的画笔也能绝对服从自己的意志了。老师看了非常满意。

有一天，费罗基俄画了一幅《基督受洗图》，他自己很满意，就对达·芬奇说：“在这幅画上再画两个天使吧！”达·芬奇高兴地答应了，很快就画好了两个天使。这两个天使体态活泼、自然，面部表情生动、柔和。老师一看大吃一惊，相比之下，自己画的是多么生硬、呆滞呀。他在心里承认，学生超过了自己，既高兴又惭愧，从此竟然搁笔不画，专门从事雕刻了。

达·芬奇结束了学徒生活，开始了独立创作，《最后的晚餐》《蒙娜丽莎》等都是他的不朽名作。他在艺术上的巨大成功，是与少年时代长达数年的刻苦磨炼分不开的。

达·芬奇并不是一出生就会画《最后的晚餐》和《蒙娜丽莎》，一开始，他连一只鸡蛋都画不好。因此，他花了3年时间学习怎样画鸡蛋。

对于达·芬奇来说，那些从来没人看见过的鸡蛋，远远比那些家喻户晓的名画更有意义。

世上没有不劳而获的成就，没有坐享其成的辉煌。

每秒摆一下

一只新组装好的小钟放在了两只旧钟当中，两只旧钟“嘀嗒”“嘀嗒”一分一秒地走着。

其中一只旧钟对小钟说:“来吧，你也该工作了。可是我有点儿担心，你走完3200万次以后，恐怕便吃不消了。”

“天哪！3200万次?”小钟吃惊不已，“要我做这么多的事？办不到，办不到!”

另一只旧钟说：“别听他胡说八道，不用害怕，你只要每秒嘀嗒摆一下就行了。”

“天下哪有这样简单的事情?”小钟将信将疑，“如果这样，我就试试吧。”

小钟很轻松地每秒钟“嘀嗒”摆一下，不知不觉中，一年过去了，它摆了3200万次。

每个人都希望梦想成真，成功却似乎远在天边遥不可及，倦怠和不自信让我们怀疑自己的能力，放弃努力。

其实，我们不必想以后很远很远的事，也不必想一年，甚至一月之后的事，只要想着今天我要做些什么，明天我该做些什么，然后努力去完成，就像那只小钟一样，每秒“嘀嗒”摆一下，成功的喜悦就会慢慢浸润我们的生命。

世界上再难的事情，也似乎难不过3200万次时间的脚步；世界上最容易的事情，可能也容易不过秒针发出“嘀嗒”的一声轻响。

只要你不停止那个最容易的，最终就一定能完成那个最难的。

真正让我们恐惧的不是过程，而是开始。

什么让人生得到满分

人生中什么才是最重要的呢？有人说是勤奋，有人说是知识，还有人说是爱或者运气。

如果英文的 26 个字母依序分别代表 1 到 26 这 26 个数字，那么 hardwork（勤奋）就是 8+1+18+4+23+15+18+11=98 分，knowledge(知识)就是 11+14+15+23+12+5+4+7+5=96 分，love(爱)就是 12+15+22+5=54 分，而 luck(运气)只有 12+21+3+11=47 分。

究竟是什么才能让人生得到满分呢？是 money（金钱）？也不是！人生的每一个问题总能找到答案，只要改变你的态度。能让人生得到满分的是你对生活和学习的态度，也就是 attitude。不信你瞧：1+20+20+9+20+21+4+5=100 分。

不一样的态度造就不一样的人生。很多时候人们都期望生活能获得更好的变化，当我们开始改变自己的态度时，这种变化就会发生。你对他人采取更友善的态度，就会觉得人们变得更加亲切；对挫折采取更积极的态度，你会发现原来在损失之外还有很大的收获……

一天，猎人带着猎狗去打猎。猎人一枪击中一只兔子的后腿，受伤的兔子开始拼命地奔跑。猎狗在猎人的指示下飞奔而去追赶兔子。可是追着追着，兔子不见了，猎狗只好悻悻地回到猎人身边。猎人开始骂猎狗了：“你真没用，连一只受伤的兔子都追不到！”猎狗听了很不服气地回道：“我尽力而为了呀！”

再说兔子带伤终于跑回洞里，它的兄弟们都围过来惊讶地问它："那只猎狗很凶呀，你又带了伤，怎么跑得过它的？"

"它是尽力而为，我是全力以赴呀。它没追上我，最多挨一顿骂，而我若不尽力的话，我就没命了呀。"

生活有许多的机会、许多的困难，你是全力以赴还是尽力而为？也许在面对失败时，我们会说："我们已经尽力了。"但这只是一句好听的借口罢了，因为当你全力以赴时，得到的可能就是另一个结果了。

你问我为什么成功吗？其实很简单，就是每天比别人多做一点，做好一点。仅此而已！

对于奔跑这件事，猎狗并不是不如兔子，只是它和兔子的态度不同罢了。

全力以赴的态度，加上锲而不舍的精神，就会得到无往而不胜的结果。

为画一条狗

苏里科夫在创作《女贵族莫洛卓娃》时，画面上需要塑造一个带着狗的流浪人形象。为了这个人物形象，他画了几十张速写草图，但都不理想。特别是流浪人带着的那条狗，他画来画去，总是觉得很不满意。

苏里科夫见过的狗本来不少。比如，贵妇人怀抱的金毛哈巴狗，警察署里的大耳朵警犬，打猎人带着的尖牙齿猎狗，以及街头卖艺人训练出来会立着爬梯的小花犬……这些狗他都见过，但这些都不是他需要的画中狗的原型。

单是为了这条狗，苏里科夫把整个画停了下来。他几乎天天都跑到街头、巷尾、广场和戏院门口去溜达。只要发现什么地方有狗，他就跑上前去，把它速写在本子上。

有一天，苏里科夫在一个小胡同口看见一个老太太，她牵着一条微跛的小黑狗，那狗的形态立刻把他吸引住了。苏里科夫赶忙追上去，老太太以为遇上了贼，就惊慌失措地跑起来。苏里科夫一直跑了两条街才把她追上。直到说明原委后，老太太才放下心来，让苏里科夫给狗画了几张速写。

苏里科夫的名画《女贵族莫洛卓娃》中那条跑着的狗，就是以这条微跛的小黑狗为原型描绘的。

狗在《女贵族莫洛卓娃》全画中只是一个细节。为了画中一个细节的真实性，苏里科夫竟花了这样大的功夫，这种精神是值得我们学习的。

在一棵完美的树上，你会发现每一片叶子和每一道树纹都是完美的，上帝之手从来不忽略一个细节。

大师往往不是显示在大处，而是显示在小处。

做人有如画画，必须严于律己，谨小慎微，因为一言一行便可展露品性之高下，举手投足都能洞见教养之优劣。

一辈子一部戏

他出生在英国伦敦。小时候因为口吃，性格非常孤僻，公众场合很少说话。在他几岁的时候，因为躲避第二次世界大战，他们举家迁往纽约。

每天，父母都会通过收听广播，了解大洋彼岸的局势和动态。乖巧懂事的他坐在桌子的一旁，似懂非懂地聆听着广播里的报道。

一天，电台在播报愈演愈烈的第二次世界大战，但这次增添了不同于往常的内容。一种铿锵有力的声音，霎时响彻每个人的心底，那是乔治六世在号召英国人民奋起抵抗纳粹的演说。

因为感受到希望，父亲高兴得手舞足蹈。母亲在一旁郑重其事地对孩子说：“乔治六世，我们的国王，曾经患过和你一样的病症。但今天，看看这场演讲是多么精彩……”

说者无心，听者有意。自那以后，他开始认真地接受口吃治疗，拼命地练习发音。有时，甚至为了某一重音，会耗上几个小时。但他始终坚信：我一定可以和乔治国王一样。

一日、一月、一年……直至16岁，他的口吃病才得以治愈，但年少的他已经知晓：不管做什么事情，只要用时间和耐心去打磨，就会有收获。

成年后，在朋友的引荐下，他进入好莱坞，开始了编剧生涯。虽然拥有满腔热情，但所写剧本根本没什么反响。不甘心平庸的他，决定打造一部拿得出手的精品。冥思苦想之后，他想到了自己幼年时的经历，想起了乔治六世的那次精彩的演讲，霎时，一个故事就在他的脑海中成形。

此时，他遇到了一个更大的难题：必须接受乔治六世遗孀伊丽莎白开出的条件，只有等她去世后，这个故事才被允诺公开。

无奈，他只得等待，再等待。然而，这一等就是 28 年。但是，他的内心非常平静。在这段漫长的日子里，他认真琢磨乔治六世的自卑、绝望和委屈，一遍又一遍地修改原稿，足足改了 50 遍，一个波澜壮阔的故事在他的笔下被写得云淡风轻。

功夫不负有心人。2011 年 2 月 28 日，依据此部剧本拍摄的电影《国王的演讲》，在奥斯卡金像奖的颁奖典礼上获得最佳原创剧本奖，他就是该片 74 岁的编剧家大卫·赛德勒。

成名后，大卫·赛德勒经常被记者们问及一个相同的话题：“你为什么愿意耗尽一生的精力只为等待一部戏？”他总会淡淡一笑，意味深长地说：“我们的一生，难道不就是这样一部戏吗？为什么不让它更加精彩呢？”

假如像打磨一部戏一样打磨人生，像对待人生一样对待一部戏，那么，这样的戏和这样的人生都将无不精彩。

不要让理想停住脚步

罗恩和威尔是从小一起长大的好朋友，两人都很喜欢画画，希望有朝一日成为家喻户晓的大画家。可由于家境贫寒，他们有时连画具都买不起。

有一天，罗恩提议："不如找一份工作，起码可以先解决温饱。"威尔想了想，答应了。于是，他们同时应聘进了一家公司做搬运工，虽然工作很累，但起码可以确保他们的生存。

这时，罗恩又提议："不如我们利用晚上休息的时间继续学画，不断提高画技，总有一天能成功。"威尔欣然同意，于是他们白天上班，晚上就到画室上课。

不久，威尔坚持不住了，开始选择放弃，他想：一两天不画画，也不会有太大影响吧！这样的想法一旦形成，他就隔三岔五地旷课，学画的时间越来越少，最后干脆不再去学画了。

罗恩则选择了坚持。冬天，他用冷水洗脸，让那些冰冷的水清洗头脑中的颓丧和失望。每天出门前，他都要做一次冥想，想象着如何去努力，使自己成为画家，过上画家的生活。随后骑上自行车匆匆出门。

8年后，威尔还是一个搬运工，而且，随着年龄的增长，他连搬运工都很难做下去了。而罗恩，终于成为一名画家。

有人问罗恩成功的缘由，他说："其实，我和威尔在才能方面并没有什么区别，不同的是我选择了坚持，我没有让理想停住脚步。"

惰性是一个得寸进尺的敌人，它会让"偶尔"变成"经常"，让"一次"变成"永远"。

两个人，一起从搬运公司出发，8年后，一个走进了画廊，成了画家；一个还在搬运公司，还是搬运工。其中一个人，不过是每天多走了一步而已。

松鼠的优势

比尔喜欢在闲逛时观察鸟类。几年前，他买了一幢新房子，附近草木葱茏。入住后的第一个周末，他就在后院里装了个喂鸟器。

可是，就在当天日暮时分，一只松鼠弄倒了喂鸟器，吃掉了里面的食物，把小鸟吓得四散而去。在接下来的两周里，比尔绞尽脑汁想出各种办法让松鼠远离喂鸟器，就差使用暴力了，但丝毫不起作用。

万般无奈之下，比尔来到当地一家五金店。在那儿，他看到了一种与众不同的喂鸟器，带有铁丝网，还有个让人心动的名字，叫“防松鼠喂鸟器”。这回可保万无一失了，他买下它并安装在后院里。但天黑以前，松鼠又大摇大摆地光顾了“防松鼠喂鸟器”，照样把食物吃尽，把鸟儿吓跑。

比尔拆下喂鸟器，回到五金店，颇为气愤地要求退货。

五金店的老板回答说：“别着急，我会给你退货的。不过你要理解，这世上可没什么真正的‘防松鼠喂鸟器’。”

比尔惊奇地问：“你想告诉我，我们可以把人送到太空，可以在几秒内把信息传到全球任何一个地方，但我们最尖端的科学家和工程师却不能设计和制造出一个真正有效的喂鸟器，把那种脑子只有豌豆大的啮齿类小动物阻挡在外？你是想告诉我这个吗？”

“是啊，”老板说，“先生，要解释清楚，我得问你两个问题。首先，你平均每天花多少时间让松鼠远离你的喂鸟器?”

比尔想了一下，说：“这个我不敢确定，每天 10 分钟到 15 分钟吧。”

“和我猜的差不多，”老板说，“现在，请回答我第二个问题：你猜那些松鼠每天花多少时间来试图闯入你的喂鸟器呢?”

比尔马上会意：在松鼠醒着的每时每刻。松鼠不睡觉的时候，98%的时间都用于寻找食物，98%的时间都在设法把喂鸟器中打算喂鸟的食物弄出来自己吃掉。

鸡不能只顾着自己高兴，它们还得了解狐狸的情况。这正是“生于忧患，死于安乐”的道理。

一只小松鼠，竟然敢于和人挑战，并屡屡取得成功，并非它比人强大，并非它比人聪明，只是它比人更有耐心，投入了比人更多的时间和精力。

滴水可以穿石，持之以恒，无坚不摧。

美国总统推销自己

林登·约翰逊举止笨拙拘谨，长着一对招风耳，外表滑稽古怪。这个看上去毫无个人魅力的中学教师，最终却成为美国第36任总统。他到底有什么魔法呢？

当约翰逊作为一位众议员的秘书，从南方来到华盛顿的时候，住的是一家廉价旅馆的地下室，几十个房间共用一间浴室。与他住在一起的几十个秘书，都在为这样的住宿条件抱怨不休，而他看到的却是机会。

住在这里的第一天晚上，约翰逊洗了4次澡，4次打开水龙头，涂上肥皂，认认真真地洗澡。在此期间，他与陆陆续续到来的其他秘书打招呼、攀谈。第二天，他早早起床，5次跑去刷牙，每次间隔只有5分钟。就这样，没几天，他就认识了住在这里的75位秘书。3个月下来，他成了所有秘书的非正式召集人，即“小国会议长”。由此我们不难理解，为什么他40岁进入参议院，43岁时就成为参议院民主党领袖。

在约翰逊看来，政治就意味着交际，二者其实是同一回事。结交不是简单地知道对方的名字，和对方谈谈天气，而是精确地知道自己在与一个什么样的人说话。他总是让你感觉到，你的问题不管在别人眼里多么微不足道，对他来说都是无比重要的。他总是能以最短的时间弄清楚，在一群都在说话的人中，到底是谁说了算。他会花上好几天时间，仔细研究那个说了算的人，研究那个人的各种需要，了解那个人的烦心事和高兴事。

然后，他会在某个场合恰到好处地“偶遇”这个人，在这个人毫无防范的情况下，“偶然”谈到他最关心的话题。

当然，约翰逊有时也会在毫无准备的情况下，遇到一位显然重要又不知其身份的人，但他自有办法。拉塞尔·贝克是当时《纽约时报》锋芒毕露的记者，有一天，他来采访参议院的活动。在大厅里，约翰逊一把将贝克拉进自己的办公室，对他说：“你来，我一直在找你。我想告诉你，你是唯一真正了解这里情况的记者……”约翰逊一边对贝克发表着长篇大论，一边在一张纸条上匆匆写下一行字交给秘书：“我在跟他说话的这个人叫什么名字？”

凭着珠宝商似的眼睛和出色的“交际技能”，约翰逊不断虏获那些有影响力的关键人物，甚至让气势汹汹向他扑来的厉害角色，转眼之间成为他最热忱的支持者。

成功者和失败者的区别，不是万人瞩目下的诸多辉煌，而是众人看不见时的那些努力。

我们只看见别人手上的黄金戒指，却没有看见戒指下面的那些老茧。

一鼻子尖儿的差异

在秋天的赛季里，有两匹叫星期天和戈尔的马，被公认是发挥最出色的。星期天轻松地获得美国肯塔基杯的冠军，戈尔获得了贝尔盟杯的桂冠。接下来，它们就要参加一项总决赛，即普力克杯赛，在这场决赛中谁能获胜，谁就是最后的赢家。

在普力克这场比赛里，两匹马都奋力向终点冲击，超过其他赛手有一匹马的身位。它们奋力冲刺，最终电子记录显示，星期天获得了胜利，但仅比对手快了一鼻子尖儿那么一丁点儿的距离。

在这一单项赛事里，星期天获得了50万美元的奖励，再加上总成绩第一的100万美元奖金，这样就达到了150万美元。而屈居第二名的戈尔只得到了6万美元。

星期天的能力水平是戈尔的25倍吗？不可能，最后这场决赛，它们一起跑完4公里的路程，星期天只比戈尔超前了不到2英寸而已。对于一匹马来说，这个差别微乎其微，甚至可以说没有差别。但是，它们得到的回报却相差25倍！

它们的差别真的就只是那不到 2 英寸的距离吗？表面看起来就是这样，但事实上，这 2 英寸的微小差距在很早之前就已经注定了。

经过了解，星期天每次的训练时间都要比戈尔的训练时间长一个小时左右，训练奔跑的距离也多于戈尔。这就是微小差别原理在起作用，也许只是多一点儿的训练，也许只是多一点儿点的奋争，也许计划方法只是好那么一点儿……看起来每一项几乎都是微不足道的，然而把这些加起来，优势的差异就令人难以置信。

也就是说，最终的那一点点差异，是之前很多差异累加起来的结果。所以说，这 25 倍的回报，并不是对最后这一点优势的回报，而是对此前很多努力的累积回报。

其实，人与人之间的差别，也是通过许多小的步骤构成的。倘若把注意力放在这些小的改变上，将会更容易、更高效，每次只是超越一小步，累加起来就是丰功伟绩。

我们看见的是成功和辉煌，看不见的是勤奋和艰辛。世界上绝没有不经历风雨的果实，绝没有不流汗的收获。

假如在平常的日子里我们没有努力，等到众人瞩目的时刻，那幸运的舞台上就不会有我们自己的身影。所有令人羡慕的业绩，都是在默默无闻中建造的。

“傻孩子”潘基文

在韩国的一所中学里，有这样一位老师：他每天要求学生将当日所学课程从头到尾抄写 8 遍，而自己却很少对作业进行检查。刚开始，全班学生都积极地完成，但后来大家渐渐地松懈下来，有的同学每天只写三四遍敷衍了事，那些更胆大的同学根本就不抄写，除非哪一天得知老师要检查才匆匆应付一下。

转眼到了期末，老师突然要对整个学期的作业进行全面检查，结果发现全班只有一个人是从头到尾、一丝不苟、不折不扣地完成了那份枯燥的作业，这个人就是现任联合国秘书长潘基文。

有的同学笑他傻气，可是，他并不介意。起初他也觉得这份作业非常枯燥，但在抄写作业的过程中，他发现，每抄写一遍，自己对所学知识都会有一次新的认识和更深的理解，在一遍遍的重复中逐渐熟悉和充实。

其实，潘基文不仅把当天所学抄写 8 遍，还干脆全部背下来。有了这样的积累，他对英语语言有了完全不同的感悟。

于是他不再把这份作业当成枯燥的任务，而是领悟到了人生其实也是一所学校，命运会为我们布置一份份简单而重复的作业。靠着这种认真完成作业的态度，他成就了人生的传奇。

由于他的英语成绩优秀，高二时，他参加红十字会主办的“外国学生访美活动（VISTA）”，硬是为忠州这个小地方赢得韩国 4 个名额中的一个，成为一时的佳话。

潘基文离开家乡忠州启程赴美前，乡亲们为他举行了隆重的欢送仪式，还特别安排了一群女学生制作了“福袋”让潘基文交给美国朋友。当时，将福袋送给潘基文的是忠州女高的学生会会长柳淳泽，巧合的是，这名女生9年后竟然成了潘基文的妻子。

潘基文的母亲经常对他说：“要永远保持微笑，要多帮助别人。”当选联合国秘书长已成定局后，潘基文在忠州的母亲给儿子打来电话，说：“很骄傲有你这么出众的儿子，但时刻别忘记谦虚，而且要更加努力。”

哈佛的学生并不比别人聪明更多，他们只是比别人读书更多、思考更多。

世界上有两种人最容易成功：傻瓜和偏执狂。傻瓜不问结果，只是默默无闻地努力，结果成功了；偏执狂一定要成功，不达目标誓不罢休，结果成功了！

有一点他们相同：锲而不舍，坚韧不拔。

一万小时准则

《纽约客》杂志有位正式撰稿人，名叫马尔科姆·格拉德威尔，他是牙买加一个非洲黑奴和一个白人种植园主的后代。他自己生长在加拿大，因一连出了 3 本改变因袭观点的畅销书而闻名于美国。其中一本书名为《超凡者》(*Outliers*)，与其说是其自传，不如说是一册励志书，尤其在“成功”“天才”等概念上发表的独特见解，引起了广泛的关注和认可。

格拉德威尔认为，天赋的才能和一定的知识固然重要，但天才并非唯一或最为重要的东西，真正有用的是普通的实践经验。他举例说，比尔·盖茨之所以能成功，主要是因为他有幸上了一所给他大量时间练习做计算机程序设计的学校——在他自己开办公司之前，他就已经在计算机程序设计上花费了一万多个小时。

披头士们之所以能成为“披头士”，是因为被偶然邀请去德国汉堡表演，在那里他们一晚上演 5 小时，一周演 7 天，这次演出机会使他们大放异彩。但是，没有人知道，在这之前，他们已经有了超过一万小时的训练，那种没日没夜演唱的艰辛，只有他们自己知道，而观众看到的是他们的成功。

格拉德威尔认为，成功不是个人天才的必然结果，而是由许多其他因素——家庭的、亲友的、历史的、地理的、环境的、文化的和各种偶然的因素综合的结果，是各种有利条件逐渐积累的成果。但是，有一点是确定的——自己的努力。有的人智商极高，终因缺乏努力勤奋而成了凡夫俗子。例如在密苏里州一个乡村养马场，有个名叫兰甘的人，他的智商高达 195，爱因斯坦也只有 150，可在他成长的环境里没有任何人、任何因素能帮助他使其超凡天资得到发挥，而他自己也从来没有想过要去努力从事一种技能的学习训练，所以，最终只是一个高智商的平凡的人。

格拉德威尔写道：“没有一个人——不管是摇滚明星，不管是职业运动员，不管是计算机软件亿万富翁——是什么事都不做而取得成功的。”

格拉德威尔将所有人的成功都归之于“一万小时准则”(the10000 Hour Rule)，也即任何领域中成功的关键都与天才无关，要的只是实践，一万个小时的实践——十年一周 20 小时的长期磨炼。

格拉德威尔的“准则”之所以在美国引起很大反响，是因为如今在美国到处流传着“天才成功”的神话，“一万小时准则”无疑是对这种神话的令人警觉的挑战和冲击。

不要说“我已经努力了”，请问：你努力了一万个小时吗？

如果没有，就闭上嘴，继续！

报童的圣诞夜

9岁那一年，沃尔夫急于赚钱，去找社区附近的报纸经销商米塞里先生，问他能不能让自己放学后兼职送报。米塞里先生说："如果你有脚踏车，我就给你一条送报线路。"

当时沃尔夫一家住在芝加哥，为了养家，爸爸身兼4职。他给沃尔夫买了一辆二手脚踏车，但接着他就因肺炎住进了医院，没办法教沃尔夫骑车。幸而米塞里先生没说要亲眼检验沃尔夫的骑车技术，只是要看看脚踏车。因此，沃尔夫推车走到他那里，让他看看，就此开始了工作。

送报可不容易，尤其是星期天的报纸，页数多，分量重，沃尔夫一步步上楼去送。他要把每一份报纸放到纱门里面，或者插在门口的报桶里。碰到下雨或下雪，他就拿爸爸的旧雨衣盖在报纸上面，使报纸不被淋湿。

爸爸出院回家后，白天恢复工作，因身体太弱，不能再兼别的差事了。如今家里需要能够筹到的每一分钱来应付开支，因此卖掉了沃尔夫的脚踏车。

米塞里先生一定已经知道了沃尔夫没骑车送报，但对他却绝口不提。他其实也很少跟这些报童讲话，只在他们派报出现差错的时候，比如漏掉了哪一家，或是把报纸投在一摊污水里，才会痛骂他们一顿。

8个月后，沃尔夫送报路线上的订户从36户增加到59户。

圣诞节前的那个星期四晚上，沃尔夫去按第一个订户的门铃。屋里灯亮着，却没有人开门。到另一家去，也没人开门。下一个订户，以及再下一户，情形都一样。没多久，他已经敲遍了大多数订户的门，按了他们的门铃，但看样子是没有一个人在家。沃尔夫很着急，因为明天星期五就是交报费的日子了。圣诞节就在眼前，他却没想到大家都会出门买礼物。因此，他沿着街道向戈登家走去。听到屋里有音乐和人声的时候，他心里非常高兴。沃尔夫按了门铃，大门应声而开，戈登先生几乎是把他拖进门去。

他的59位订户几乎全部挤在那里，房间中央放着一辆崭新的脚踏车，深红色，有一盏电动车头灯，还有车铃。把手上挂着帆布袋，里面鼓鼓地塞着五颜六色的信封。

“这是给你的，”戈登太太说，“我们大家都凑了一份。”那些信封里是圣诞卡，另附那个星期应付的报费。大多数信封里还有一笔丰厚的小费。

沃尔夫愣住了，不知道该说些什么。他只能够说一句“谢谢你们”，说了一遍又一遍。

回到家，沃尔夫点了点小费，超过100美元。这笔意外之财使他成了家里的英雄，也让他们家过了一个欢愉的圣诞假期。

一定是沃尔夫的订户打了电话给米塞里先生，因为沃尔夫第二天到他的车库去拿报纸时，他已在外头等着。他说：“明天10点钟带你的脚踏车来，我教你骑。”

沃尔夫高中毕业后从军，那辆脚踏车给了弟弟。当然，他不会记得车子后来怎么样了。可是他的订户还给了他另一件礼物——在圣诞前夕给他上了终生难忘的一课，使他永远难忘——即使是做最低微的工作，也要敬业自重、勤奋努力。

人们更愿意把温暖的手伸给那些勤奋的人，只因为一切勤奋之中，无不蕴含着一个人的热爱和用心。对勤奋者的褒奖，其实就是对勤奋的褒奖。

以怠慢之心对待生活，生活只回报以怠慢；以热忱之心对待生活，生活也会报答以同样的热忱。

正义

至高无上的公理

HARVARD FAMILY INSTRUCTION

总理的座椅

韩国前总统李明博，在自己的传记里回忆了这样一段难忘的经历——

那时，李明博任现代建设集团的社长，到马来西亚开拓业务。经过激烈竞争，他为公司拿下“槟榔大桥”的建设工程之后，准备组织一场盛大的开工仪式，马来西亚总理将作为仪式嘉宾应邀出席。

为了表示尊重，李明博准备了如韩国总统出席规格一样的典礼舞台。

仪式前一天，马来西亚总理的秘书长来到现场察看准备工作，他吃惊地问：“总理的座位上装着遮阳篷，下面的5000人怎么办?”李明博闻言大惑不解，难道这有什么不妥吗?

秘书长毫不通融：“要么把其他5000个座位也都搭上遮阳篷，要么就把总理夫妇座位上的遮阳篷拆掉。”

李明博想尽办法，为5000个座位都搭上遮阳篷。秘书长又来了，并提出了新的问题：“这两把椅子为什么这么宽大?”李明博说：“哦，这是为总理夫妇准备的。”

秘书长质问：“总理的屁股比别人的宽大吗?”说完，他立即让人为总理夫妇换了两把普通的椅子。

总理的椅子当然不是因屁股的大小而定的，而是以世俗的尊卑为标准而定的，这不过是为了显示威严、突出权威而已。然而，一旦失去民心，再大的椅子能挽救得了吗？一旦黯然下台，再大的椅子能留得下权威吗?

社会的腐败有时不只是官员本身所为，那些摆放椅子的人同样负有责任。如果我们每个人在行事之中都能为民着想、为国着想，让总理和老百姓坐一样宽的椅子，那么，官员就不会凌驾于国，也不会凌驾于民。

我要发言

1992年，一个12岁的加拿大女孩，自己筹钱去巴西的里约热内卢，要求在正召开的联合国峰会上发言。短短5分钟，她的发言让在座的各国政要、科学家及其他重要人物无不震撼。

大家好，我是珊文·铃木，代表ECO——关注环保儿童组织在这里讲话。

我们是几个十二三岁的加拿大小孩：Vanessa、Morgan Michelle和我。我们自己筹钱，从5000里远的地方来这儿告诉你们大人，你们必须改变。我今天来这儿，是在为我们的未来抗争。

我来替世界上所有饥饿的小孩讲话，因为他们的哭声没有人听到；我来替地球上正在死去的数不清的动物讲话，因为它们没有地方可去。必须有人听听我们的声音！

我现在不敢出去晒太阳，因为臭氧层有破洞。我害怕呼吸空气，因为我不知道里面有什么化学成分。

我曾经和爸爸一起在温哥华钓鱼，直到几年前我们发现鱼都得了癌症。现在每天我们都能听到动物和植物灭绝的消息——它们再也回不来了。

在我的生命里，我梦想着看见大群的野生动物，看见到处是鸟和蝴蝶的热带丛林，但是今后我不知道我的孩子还能不能看到它们存在。你们像我这么大的时候也需要担心这些事情吗?

这些都在我们的眼前发生，可是我们却假装有无穷无尽的时间和办法去解决问题。我只是个小孩，我没有解决这些问题的答案，但是我想要你们知道，你们也没有！

你们没有办法修补臭氧层的破洞，你们不能让三文鱼回到已经干涸的河流，你们没有办法让灭绝的动物重新出现，你们也无法让已经变成沙漠的地方重新成为森林。如果你们没有办法去修补，就请不要再去破坏！

在这里，你们也许是政府的代表、商业人士、组织的管理者、记者或者政治家，但你们也是父亲和母亲、兄弟和姐妹、叔叔和阿姨——而且，你们所有人都是你们父母的小孩！

我只是一个小孩，可是我知道我们都是一个大家庭的成员，这个家庭有 50 亿人，3000 万个物种，我们共享着同样的空气、水和土壤。国界和政府永远也改变不了这个事实。

我只是一个小孩，可是我知道我们是一个整体，应该为了同样的目标一起努力，我们应该共同承担，应该一起分享。

我只是一个小孩，可是我知道，如果把所有花在战争上的钱都用来终止贫穷、找寻环境问题的答案，这个地球会变成多么美好的地方！

在学校，甚至是在幼儿园，你们就教我们要做个乖孩子，你们教我们不要打架，要谦让，要尊重别人，要清理弄脏的地方，不要伤害动物，要分享，不要自私。而你们，为什么却在做着不让我们做的事？

不要忘了你们为什么来参加这些会议，为谁来参加——我们是你们的孩子，你们在决定着我们在什么样的世界里成长。父母在安慰孩子的时候经常说的话是“一切都会好的”“我们在尽力”和“这不是世界末日”——但是我想你们再也说不出这些话了。你们真的还把我们放在头等重要的位置吗？我爸爸总是说：“你所做的才代表你，而不是你所说的。”

你们所做的事情，让我在夜晚哭泣。你们大人说你们爱我们。我恳请你们，言行一致！

我们的很多道德法律，往往着眼于人的世界和人的社会，维护的是人的利益和权力。而对于其他的生命，对于自然和环境，我们却有所忽视！

我们提倡人与人之间的相爱，却忽视对其他物类的关怀：我们惩治一切针对人类的恶行，却往往没有干预人类对大自然的一切恶行。

世界属于每一个人，所以，关心这个世界是每一个人的责任，而不仅仅是几个孩子的事情。

勇气

19 世纪，在英国的名门公立学校——哈罗学校，经常出现以强凌弱、以大欺小的事情。

有一天，一个强悍的高个子男生拦住一个新生，颐指气使地命令他替自己做事。新生初来乍到，不明白这里的“规则”，断然拒绝。高个子男生恼羞成怒，一把揪住新生的领子，劈头盖脸地打起来。

旁观的学生或者冷眼相看，或者起哄嬉笑，或者一走了之。只有一个外表文弱的男生，看着这一幕，眼里渐渐涌出了泪水，他终于忍不住叫道：“你到底还要打他几下才肯罢休！”高个子男生朝那个又尖又细的抗议声望去，发现也是个瘦弱的新生，就恶狠狠地骂道：“你这个不知天高地厚的家伙，问这个干吗?”那个新生用含泪的眼睛盯着他，毫不畏惧地回答：“不管你还要打几下，让我替他忍受一半的拳头吧！”高个子男生看着他的眼泪，听到这出人意料的回答，不禁羞愧地停住了手。

从这以后，学校里反抗恶行暴力、帮助弱者的善举逐渐增多，这两个新生也成了莫逆之交。那位被殴打的少年，深感爱与善的可贵，后来成为英国颇负盛名的大政治家罗伯特·比尔；挺身而出、愿为陌生弱者分担痛苦的，则是扬名世界的大诗人拜伦。

我们不能帮助所有的人，但我们可以帮助一个人；我们不能爱所有的人，但我们可以首先爱一个人。改变世界，从改变自己开始，从改变一个人开始。

反抗暴行，维护正义，不一定要“拔刀”才能“相助”，敢于“分担”，敢于“承受”，这种勇气和气魄同样可以震撼人心。

墓碑的两面

麦哲伦是位伟大的航海家。他的伟大之处在于，他是世界上第一个进行环球航行的人，尽管最终自己并未能亲自完成这一壮举。

麦哲伦死于菲律宾，他是在与当地土著人的交战中身亡的。

迄今，在麦哲伦遇难的地方，菲律宾马克坦岛北岸，依然建有一座奇特的纪念亭，亭中耸立着一块石座铜碑。碑的正面，载有这样的文字：费尔南多·麦哲伦。1521 年 4 月 27 日，费尔南多·麦哲伦死于此地。他是在与马克坦岛酋长拉普拉普的战士们交战中受伤死亡的。麦哲伦船队的一艘船只——维多利亚号，在埃尔卡诺的指挥下，于 1521 年 5 月 1 日升帆驶离宿务港，并于 1522 年 9 月 6 日返抵西班牙港口停泊，第一次环球航海就这样完成了。

这段文字，朴实无华，却是对麦哲伦生平最充分的肯定。为了认知世界，为了散播文明，他不惜葬身当年的荒蛮之地，其探险的勇气和无畏的精神，一直为后人所敬仰。

可是，就在这块墓碑的反面，同样刻着另一段文字，其篇幅更加简短：拉普拉普——1521 年 4 月 27 日，拉普拉普和他的战士们在这里打退了西班牙入侵者，杀死了他们的首领——费尔南多·麦哲伦。由此，拉普拉普成为击退欧洲人侵略的第一位菲律宾人。

建造这块墓碑的人在为拉普拉普刻下文字的时候，心中一定是很虔诚的。单就自己的民族而言，拉普拉普也的确无愧于这段文字。

同一块墓碑，两面是一对曾经的敌人，他们为了各自心中崇高的信仰而战。即使倒下后，两人仍然没有分开。500年后的今天，当我们体会这段历史，绝不敢信口亵渎其中的任何一人。因为他们的死，具有同等壮烈的意义。在传播“文明”和抵抗“侵略”之间，谁都没有资格妄加评论对与错。

也正因此，他们两个人都成了伟大的英雄。唯一不同的是，一个是西班牙的民族英雄，另一个是菲律宾的民族英雄。

有时候，我们的眼睛会被一片叶遮盖，我们的判断会被一堵墙扭曲。

一切历史都是人类共同的历史，一切文明都是人类共同的文明。用这样的视角来看待事物，我们才不会形成狭隘偏执的历史结论。

战场上生死相见，是每一个勇士的荣耀和宿命。衡量是非的标准，不是胜败，也无关敌我，而是看他们在为何而战。

在冠军与诚实中选择

在华盛顿举办的美国第四届全国拼字大赛中，南卡罗来纳州冠军——11岁的罗莎莉·艾略特一路过关斩将，进入了决赛。当她被问到如何拼“招认”（avowal）这个词时，她轻柔的南方口音使得评委们难以判断她说的第一个字母到底是A还是E。

评委们商议了几分钟之后，将录音倒带重听，但是仍然无法确定她的发音是A还是E。

无奈之下，主评约翰·洛伊德决定，将问题交给唯一知道答案的人。他和蔼地问罗莎莉：“你的发音是A还是E?”

其实，罗莎莉根据他人的低声议论，已经知道这个字的正确拼法应该是A，但她毫不迟疑地回答，她的发音错了，她刚才说的是E。

主审约翰·洛伊德又和蔼地问罗莎莉：“你大概已经知道了正确的答案，完全可以获得冠军的荣誉，为什么还说出了错误的那个?”

罗莎莉天真地回答说：“我愿意做个诚实的孩子。我觉得，如果靠欺骗取胜，那是不光彩的，而且不公平。”

当她从台上走下来时，几乎所有的观众都为她的诚实而热烈鼓掌。

第二天，有一篇报道这次比赛的短文：在冠军与诚实中选择。短文中写道，罗莎莉虽没赢得第四届全国拼字大赛的冠军，但她的正直和诚实却感染了所有的观众，赢得了所有人的尊敬。

冠军是一时的荣耀，而诚实却是一生的荣耀。失去了冠军的诚实，依然可贵；而失去了诚实的冠军，则一文不值。

左拉——我控诉

19 世纪的法国文坛涌现出一大批极具世界影响力的作家，左拉就是其中很重要的一位。他一生写过几十部长篇小说，《娜娜》《小酒馆》等都是脍炙人口的名篇。

除了在文学上取得杰出的成就以外，左拉还是一位极具正义感的人。

那还是 1897 年的事情。有一天，左拉和几位朋友聚在一起聊天，在聊天的过程中，他听朋友讲起了一件令人啼笑皆非的事情——德雷福斯事件。原来，当时法国的军队中有一位叫德雷福斯的军官，不知什么原因，他忽然被军方怀疑是德国的间谍，并遭到秘密逮捕，很快就被判处终身监禁。虽然德雷福斯一直否认自己是间谍，可还是于事无补。

后来，军方发现，他们一直寻找的间谍并不是德雷福斯，而是和他一起工作的另外一名军官。

当时，皮卡尔上校负责这件案子，在发现犯了错误之后，他很快就把这件事向上级做了详细报告。但是令人意想不到的是，上级拒绝纠正这一冤案，理由很简单：需要维护军队威信。与此同时，他们还把皮卡尔调往突尼斯，并要求他不得泄露相关情况。

虽然如此，皮卡尔在离任前还是把这件事告诉了自己的一位律师朋友。左拉听说这件事之后，当时就火冒三丈，他气愤地说："无辜的人在经受折磨，该受处罚的人却逍遥法外，揭示真相的人还遭到打击，军方到底在维护什么人的威信？任何一个有正义感的人都不会容忍这种事情发生！我一定要用行动来改变这种不正常的状况！”

一位朋友劝他说：“左拉，还是算了吧。我们一介平民怎么能和拥有强大势力的军方对抗呢？不管怎么做，最终都会于事无补，甚至我们自己还有可能受到牵连和打击……”

对于朋友的劝说，左拉拥有完全不同的看法。他说：“我并不同意你的看法！现在我们要做的是维护正义，难道因为军方势力大，我们就不再过问这件事情吗？如果邪恶不受到遏制、正义不得到伸张，这个社会就会危险。我一定要控诉！”

这位极具正义感的作家，当天夜里就挥笔写出了名为《我控诉》的公开信，在新闻媒体上发表出来。在这封信中，左拉对军方的做法提出了尖锐的批评，同时呼吁整个社会都行动起来，帮助德雷福斯讨回原本属于自己的清白。

在左拉和一些正义人士的奔走下，德雷福斯终于在 1906 年 7 月 12 日被宣布无罪释放，并恢复了军职。左拉的不懈努力最终取得了胜利，他用自己正义的呼唤战胜了邪恶。

正义遭到践踏，是一个社会的不幸。正义遭遇践踏的时候，若没有人站出来伸张正义，这是不幸中的大不幸。

真英雄是这样一种人：明知不可为而为之，明知山有虎而独往，明知势单力薄却奋不顾身！

恶之所以长存，只因为众多的人视恶而不见，只因为众多的人畏恶而不争，只因为众多的人避恶而保身。

人不制恶，恶终会殃及众人。

品格高于战绩

大流士和亚历山大在伊萨斯大战，大流士一败涂地、落荒而逃。一个忠实的内侍不辞千辛万苦找到了大流士。大流士一看到这位内侍，首先问自己的母亲、妻子和孩子是否还活着。内侍回答说，他们还活着，而且受到的殷勤礼遇跟您在位时一模一样。

大流士听完之后，又问自己的妻子是否忠贞？回答仍然是肯定的。于是大流士又问，亚历山大是否有对自己妻子无礼的行为？这位内侍先发了誓，随后禀告说："大王陛下，您的王后跟离开您的时候一样。亚历山大是最高尚的人，是最能控制自己的人。"

大流士一听这话，举起双手，对着苍天祈祷说："啊！宙斯大王！您掌握着人间帝王的兴衰大事。既然您把波斯和米地亚的主权交给了我，我祈求您，如果可能，就保佑这个主权天长地久。但如果我不能在亚洲继续称王了，我祈求您千万别把这个主权交给别人，只交给亚历山大，因为他的行为高尚无比，对敌人也不例外。"

看来，使大流士能够情愿交出主权的原因，并不只是亚历山大以力服人的战绩，而是他以德服人的品格。

以力只能压人，以德方可服众。暴力能够将对手击倒，善德却能够使敌人心悦诚服。

陷地屠城，民心悖变；大德抚允，天下归诚。兴义师举义旗，方能醒天下之愚，撼强敌之顽。

敬天道者得人心，得人心者得天下。

皇帝与磨坊

德国皇帝威廉一世曾在波茨坦建了一座离宫，有一座古老的磨坊就在这离宫的围墙外面不远处。

一次，威廉一世到波茨坦巡视，住进了离宫。当他登上高处远眺波茨坦市的全景时，眼前许多景物却被磨坊给挡住了。威廉一世大为扫兴，即传令随员去找磨坊主人，洽谈如何买下这座磨坊，然后将其拆除。谁知磨坊主人却十分藐视这个皇帝，对前来洽谈的人员说："我这个磨坊代代相传，无法计算它的价值。"

威廉一世听后勃然大怒，立即令人将磨坊拆毁。磨坊主人对此并不恐惧，一边袖手旁观任其拆毁，一边自言自语道："当皇帝的可以这样胡作非为，我们国家的法律还有什么用？"不久，他即为此事向最高法院提起上诉。最高法院根据德国的法律判决威廉一世重建磨坊，并赔偿磨坊主人的损失。威廉一世只得将业已拆毁了的磨坊重新修建起来。

数十年后，威廉一世和磨坊的主人都相继去世了。磨坊主人的儿子却不能守其旧业，乃至破产，因此写信给当时的皇帝威廉二世，并在信中述说自己的父亲曾经与威廉一世的交涉。

威廉二世读信后，十分感慨，亲笔回信说："可爱的邻人，我怎么忍心让你丢掉这份产业？你应当竭力保住这份产业，并传之子孙，使其世世代代在你家主权之下。这件事与我们国家关系极大，这座磨坊应当长期保留下来，以作为我们国家司法独立和裁判公正的纪念。你现在很困难，我十分同情，今赠给你6000马克，供你偿还债务。你亲爱的邻人威廉敬复。”

磨坊主人的儿子收到威廉二世的信以后，再不提及出售磨坊这件事，并且教育其子孙珍惜这份祖传遗产，因此这座磨坊一直保存至今。

正义高于一切！

正义像一杯雪糕，每个人都喜欢；正义像一块薄冰，弄不好就消失了。

有法可依，才能人人平等，无论皇帝还是平民；秉公执法，不畏权贵，法律才不会沦为奴婢，任人玩弄于股掌；民有尊严，官知廉耻，百姓才可能据理不让，皇帝才可能知错就改，大道才能盛行，律令才能畅达。

一个国家或一个民族，能有这样一座磨坊，当是国之大幸，民之大幸也！

狄斯雷利如何说“不”

你求别人一件事，对方不肯，最令你难堪的不是事情没办成，而是自己遭到拒绝，失了面子。别人求你一件事，你不好意思拒绝，主要原因也是怕伤了别人的自尊。

历史上很多成功的领导人都精通拒绝的艺术，在说“不”的同时，还能让对方心欢意满。

19 世纪英国首相狄斯雷利就是一例。

有位军官一再请求狄斯雷利加封他为男爵。首相知道此人才能超群，也很想成人之美，但根据规定，他不够加封条件，如果狄斯雷利答应了他的要求，就是徇私枉法。因此，狄斯雷利一直没有同意。

一天首相把军官单独请到办公室，对他说：“亲爱的朋友，很抱歉我不能给你男爵的封号，但我可以给你一件更好的东西。”狄斯雷利放低声音说，“我会告诉所有人，我曾多次请你接受男爵的封号，但都被你拒绝了。”

消息传出，众人都称赞军官谦虚无私、淡泊名利，对他的礼遇和尊敬远超过任何一位男爵。军官由衷感激狄斯雷利，后来成了首相最忠实的伙伴和军事后盾。

首相的聪明就在于，他明白军官真正需要的不是一个男爵头衔，而是封爵之后的巨大荣耀。狄斯雷利虽然拒绝了加封的请求，却送给军官一个更大的面子。最关键的是，作为首相，他没有破坏“规矩”。

允诺或者否决在这里都不合适，狄斯雷利完美地做到了既不加封也不拒绝。

不拒绝是因为爱人，因为友情——爱和友谊怎能不珍视？不加封是因为守则，因为自律——如果肆意破坏原则，滥用职权，徇私枉法，国家利益将置于何地？

总统的论文和学位

32 岁的鲍格·安希拉是匈牙利泽梅尔魏斯大学的一位图书管理员，他很喜欢这份工作，因为他在这里总是能够源源不断地获取各种知识。

2012 年 3 月初的一天，鲍格像往常一样搞好卫生后，就趁空拿起一本 20 年前的论文集来阅读，上面刊发的都是当时本校精英所撰的论文，突然，他读到了一篇署名为“施米特·帕尔”的论文，这不是现任的匈牙利总统吗？鲍格顿时饶有兴趣地读了起来，然而读完了之后，鲍格猛然觉得这篇文章似曾相识，难道是有人抄袭了总统的论文？

鲍格决定弄清真相。他凭着依稀的记忆，翻阅了很多资料，最后终于核实到，施米特总统的论文有 16 页与德国学者克劳斯·海涅曼的一篇文章雷同，另有几页内容则与保加利亚体育专家尼古拉·格奥尔基耶夫的论文部分一致，而从各自的撰文日期来看，很显然，并不是别人抄袭了总统的论文，而是总统抄袭了他人的论文！

施米特总统生于 1942 年，曾在 1992 年获匈牙利泽梅尔魏斯大学博士学位，在 2010 年 6 月当选为匈牙利总统。抄袭是一种非常恶劣的不道德行为，这让鲍格万分生气，尽管抄袭行为发生在 20 年前，当时施米特还不是总统，但是一个在道德上明显存在缺陷的人又怎么可以担任总统呢？鲍格觉得这件事情绝对不能给总统面子，因为学术和政治并不是一回事，学术是自由的，学术如果被政治所禁锢，那么学术也就失去了最本真的生命，沦为政治的傀儡！

鲍格决定不仅要把真相公之于世，还要把博士这个学位从总统身上摘下来！鲍格很快收集起证据，然后到一家知名网站，图文并茂地把这件事情发布出来。几天后，《匈牙利新导报》将这一事件刊登在报纸上。

泽梅尔魏斯大学的校长图洛绍伊·蒂沃道尔得知此事后，他首先想到的并不是“总统会不会因此而遭受劫难”，而是“学术究竟有没有被玷污”，图洛绍伊校长立即召集了全校教授对此展开核实，经过十多天的紧张工作，他们最终确认了鲍格的观点。随后，图洛绍伊校长组织了校方最高权力机构对此进行投票，并以 33 比 4 的投票结果，决定撤销总统施米特·帕尔在 20 年前获得的博士学位。

施米特的政治团队很快做出回应，他们指责大学的这一做法缺乏依据，施米特总统本人也否认这一“指控”。但事实终归是事实，他的否认让自己形象大损，支持率也同时下跌。

在这种两面夹击的困局下，施米特总统只能无奈地接受了学位被撤销的事实，无论是真心还是假意，他最终还是在电视上为自己在 20 年之前的抄袭行为向民众道歉，他在最后还补充说：“我没有因此而觉得丢人，相反我还觉得万分骄傲，因为我们的大学有这么严谨的治学态度，这仿佛让我看到了我们这个国家的美好未来！”

一个图书管理员“撤掉”了总统的博士学位，这件事情与其说是鲍格的力量有多大，还不如说匈牙利的治学风气是多么自由和严谨：自由的时候，连一个图书管理员也可以随意核查总统的论文；严谨的时候，哪怕是在面对总统的时候也绝不会卖半点儿人情，做半点儿妥协！

敢于挑战总统，是一个国家政治的希望；敢于维护学术的尊严，是一个民族文化的希望；敢于直面错误而悔过自新，是人性道德的希望！

一个人和一个国家都会有污点，面对污点，我们会做什么，会以什么样的态度去面对，这将是衡量其品质优劣的重要标准。

始终记着：天网恢恢，疏而不漏！

释放这个黑人

200多年前，一个黑奴从非洲被带到伦敦。在那里，他伺候主人近两年，由于无法忍受虐待，他冒险潜逃了。主人抓获了他，给他戴上铁镣，并将这件事交付给曼斯菲尔德法官处理。

全国上下都关注着这一案件的发展，因为，当时的英国约有1.5万个奴隶，每个奴隶价值50英镑。如果这个奴隶获得自由，那么所有英国的奴隶都将获得自由，奴隶所有者们将损失惨重，而法律并没有禁止奴隶买卖。

最终，曼斯菲尔德法官这样宣判："奴隶制度的状况是如此丑恶，以至于除了明确的法律以外，不能容忍任何东西支持它。因此，不管这个判决造成何种不便，我都不能说，这种情况是英格兰法律所允许和肯定的。我的判决是：释放这个黑人！每个来到英格兰的人都有权利得到我们法律的保护，不管他在此之前是何种身份，受过何种压迫，他的皮肤是何种颜色。英格兰自由的空气不能被奴隶制玷污！"

约1.5万个奴隶成了自由的人，从此，他们尽情呼吸着英格兰自由的空气。

英国当代最为著名的法官丹宁勋爵，在其法官生涯中一再阐明这样的立场："宪法不允许以国家利益影响我们的判决，上帝不让这样做！我们决不考虑政治后果，无论它们会有多么可怕。如果某种后果是叛乱，那么我们也不得不坚持一个原则：实现公正——即使天因此而塌下来！"

正义是社会的良知，是一种比法律和道德更高的准则。正义存，则邦国立；正义失，则邦国亡。

明辨正义和非正义，是智慧；坚守或者放弃正义的原则，是良知；不畏强权为正义而战，是勇气和血性！

正义不藐视法律，正义只藐视个人得失，藐视权力的尊卑，正义会让法律更加完善、更得人心、更有威望！

维护法律的成本

一位外国学生在德国留学期间，在一家图书馆被扒手窃去钱包，里面有 20 欧元。他本来不准备报警，可是图书馆的管理员却报了警。不到 5 分钟，一位女警赶到现场，问了情况，请这位留学生去做笔录。警察告诉他说：“图书馆的自动安全系统已经记录了小偷的样子，警察局今天就可以将小偷的照片贴到全区的各个警察局。如果仍然找不到小偷，我们会把录像带送到电视台反复播放，直到破案为止。”

看着警察认真坚决的样子，留学生说：“我看还是算了吧，只有 20 欧元，不必劳师动众。即使抓到小偷，所花的代价也太大了。”

“不！我们是警察，不是商人，只有商人才讲值不值得，而法律的尊严是不能用金钱来衡量的。小偷触犯了法律，就必须受到惩罚。”女警察严厉地说。结果，在电视台播放录像的第二天，小偷就落网了。

类似的一件事发生在美国。当年，哈佛牧师把自己的一块地皮和 250 本藏书一并赠给当地的一所学院。为了纪念哈佛牧师，后来这所学院更名为哈佛大学。哈佛大学一直把牧师的这批书籍珍藏在哈佛楼内的图书馆，并规定学生只能在馆内阅读，不能带出馆外，违者开除学籍。

1764 年的一天深夜，一场大火烧毁了哈佛楼。在火灾发生前，一个学生碰巧把哈佛牧师捐赠的一册名为《基督教针对魔鬼世俗与肉欲的战争》一书带回宿舍。

第二天，他得知失火的消息，意识到自己手里的那本书已是哈佛牧师捐赠的250本书中唯一存世的孤本。经过一番思想斗争，他找到当时的校长，把书归还给学校。校长收下书，真诚地感谢了他，然后将他开除，理由是：他违反了校规。

不开除这名学生行吗？有人提出异议，毕竟他使哈佛牧师的书留下一本，而且是他自己主动"自首"。校长感谢那个同学，因为他诚实；开除他，因为校规不可违。哈佛的理念是：让校规看守哈佛的一切，比让道德看守哈佛更为安全有效。

法理第一，这便是哈佛的行事态度。

原谅恶行，既不是善，也不是宽容，是懦弱，是失责。

如果我们放弃了这20欧元，那我们容忍的不是一个小偷，而是在容忍犯罪。在不计法律成本的国家，人民付出的代价反而会更少。

道德提倡谦让和宽恕，而法不能。谦让和宽恕可以让道德完善，却会使法的精神受损，让法的力量崩溃。

巴黎烧了吗

1944年8月，在欧洲战场上，巴黎成了最重要的目标。节节败退的希特勒下令："巴黎绝不能沦入敌人之手，万一发生此情况，他们在那里找到的只能是一片废墟。"巴黎解放那天，他还在念念不忘地问："巴黎烧了吗?"

1944年6月6日，盟军在诺曼底成功登陆，一路长驱直入，先锋已抵巴黎城下。希特勒很清楚，如果巴黎打败了，那么就剩下一个战役让他打了，那就是德意志战役。"谁能守住巴黎，谁就能守住法国!"巴黎需要一个忠诚和能力无懈可击的人，一个能够以铁腕手段恢复巴黎秩序的人，一个知道如何毫不迟疑地扑灭人民暴动的人，一个知道如何为巴黎进行拼死防守的人。8月23日，希特勒把这一重大使命交给肖尔铁茨，要他把巴黎当作一个被围困的要塞来指挥，与巴黎共存亡。

纳粹德国上将狄特里希·冯·肖尔铁茨，出身于三代普鲁士军人之家，毕业于纪律严明的萨克森军官学校，一向以无条件服从命令、坚决完成任务著称。在纳粹军事系统中，上下都认为他是一个不折不扣的纳粹分子、一个铁石心肠的硬汉。

但这次，肖尔铁茨没有执行希特勒的命令，巴黎也没有被毁灭。

当时维希政权的巴黎市长是泰丁格，当他来到德军巴黎战区司令肖尔铁茨面前时，看到了这位普鲁士军人要将巴黎夷为平地的决心，就在心里对自己说："要阻止这个军事行动，要保护巴黎。”趁着肖尔铁茨因激动而气喘咳嗽的时候，他建议两人到楼顶阳台上去看看。

面对眼前美丽的巴黎，泰丁格对那个似乎没有感情的军人做了一次推心置腹的陈词：“将军阁下，不妨设想将来有那么一天，你作为游客又站在这个阳台上，再一次欣赏这些使我们欢乐又悲伤的建筑物时，你能够这么说：‘本来我是可以把这一切都毁灭掉，最终我把它们保存了下来，作为献给人类的礼物。’亲爱的将军，难道这不值得一个征服者感到荣耀吗?”

这句话似乎打动了这位纳粹将军，他冒着“叛国者”的风险，竭力避免与巴黎起义者交火，尽一切可能约束部下的冲动。在面临再不执行命令就要被解职的情况下，他又以间接的方式把巴黎的情况通告盟军，希望盟军迅速抵达巴黎。肖尔铁茨拖延了两天时间，在戴高乐将军和巴黎抵抗力量的努力下，盟军改变了战略，提前进入巴黎。

巴黎没有像华沙一样被焚毁，历史记住了这位德国将军。

原德国总参谋长贝克上将 1938 年 7 月 16 日在一份备忘录中说：“军人服从是有界限的，这就是，当他们的知识、良心和责任不允许去执行命令时。”1944 年 8 月，巴黎见证了一个简单的道理：良知和道义改变了一个铁石心肠的纳粹将军。在历史上，这样的事情不常有，但只要有一次，总会使我们对人类怀有信心。

作为一名军人，肖尔铁茨应当遵从元首的命令，毁掉巴黎。但作为一个人，他采纳了被征服者的建议，保全了巴黎这座浪漫之都。人性和良知高于一切，肖尔铁茨应当享有军人的光荣。

大军压境生死未卜之时，没有谋求自己的荣华富贵，没有眷顾一人的生死安危，而是为履行职责与征服者周旋，为国家和人民谋取福祉。作为一个傀儡政府的官员，泰丁格难道不同样应该受到后世的敬重吗?

大义当前，所有其他的愿望和利益都变得微不足道。

请洗一下自己的手

伊格纳兹·塞梅尔维斯，1818年生于布达佩斯，是一名产科医生。

他曾经作为一名年轻的见习医生，在维也纳的一家妇产科医院工作。在那里，他有了令人震惊的发现：有十分之一的产妇死于产褥热，他们都是穷人。而在家里生产的富有产妇们，远没有这样的死亡比例。

塞梅尔维斯仔细观察了医院的日常工作，开始怀疑是医生造成了病人的感染。他注意到，医生常常解剖完尸体，就从停尸房直接回到产房对产妇进行检查。因此他建议，作为一项实验，让医生在接触产妇之前洗一下手。

洗一下手，对于医生来说是举手之劳。可是，要知道，这个建议是塞梅尔维斯提出的，而塞梅尔维斯当时只是一名见习医生，是一位无足轻重的小人物。还有什么比这样的要求更加无礼？他居然胆敢向其上司提出这样的建议？他的直言上谏被看成是对权威的冒犯。

何况，洗一下手，就等于承认了产妇死亡的责任在于医生，是医生造成了病人的感染。这是权威们更难接受的。

但是死亡还在继续，这让塞梅尔维斯无法忍受，他不再顾忌别人的指责，义无反顾地坚持自己的要求。他去产房，去停尸房，向每一位医生发出请求，坚定而又固执，他请求医生们洗一下手。而当时的权威们，他们并不真的在乎拯救生命，他们关心的只是人们对权威的尊重和服从。

一次次直言，一遍遍请求。最后，在穷尽了对塞梅尔维斯种种讽刺、挖苦和嘲笑之后，他们终于同意了，开始用肥皂清洗自己的双手。

奇迹发生了，大批产妇的死亡停止了。“请洗一下自己的手!”这个从塞梅尔维斯医生口中发出的无数遍请求，从此拯救了成千上万条生命。产妇的死亡率降到了百分之一。

其实，塞梅尔维斯内心十分清楚，因为冒犯权威，随之而来的是维也纳医学界的排斥和忌恨。不久，他被迫离开了医院，离开了奥地利，虽然他对那里的人们尽心尽责。最后，他在匈牙利的一所地方医院结束了自己的行医生涯。一天在解剖室里，他将一把刚刚解剖过尸体的刀片，故意刺进了自己的手掌。不久，他便死于血液感染。

塞梅尔维斯的死引起了医学界的关注，就在他去世的两年后，“消毒外科手术”很快得到了认可和普及。在后来的医学界，在人们的心目中，塞梅尔维斯成为真正的英雄。

我们轻易就放弃了真理，因为我们不敢向固有的习俗和强大的权威表达正确的意愿；即便勉强跨出了半步，往往因为人微言轻，而不敢坚持；当意识到坚持将会付出代价的时候，最终选择了放弃。

生活中的真理，往往就这样湮没于我们内心的怯懦，而不是源于身份的卑微。

感动

震颤心弦的情愫

HARVARD FAMILY INSTRUCTION

爱的英雄

那是芝加哥最恶劣的一个冬天，所有的屋顶都被白雪覆盖，很多已是不堪负荷。

麦格拉思看到妻子跑进后院车库，她要取一些盒子。

紧接着，麦格拉思听到剧烈的撞击声！

麦格拉思向外看去，车库的屋顶已经塌陷。他顾不上穿衣戴帽，跑出屋子，一手抓起雪铲，并大声向邻居求救。

麦格拉思一边呼喊，一边用力把雪铲开，把屋顶上的板材小心拖出来。汗水在脸上冻结，手指被划破鲜血直流，但他顾不上这些。

麦格拉思终于听到了她的声音，接着看到了她伸出来的手。他不停地挖着、铲着、拖着……

不一会儿，妻子便已在麦格拉思的怀中了，他呜咽道："你还好吗？你没什么事吧？我还以为你受伤了。噢，宝贝，我真是害怕死了。我爱你！"

她一切安好，只有头上撒了一些雪块，裤子有几处弄脏。

麦格拉思有所不知：妻子从一扇门走进车库，很快拿着盒子又从另一扇门离开了。当丈夫边铲雪边发出呼救，双手扒开一块块木板，拼命营救她时，她已平安地回到家中，她透过窗户看到了这一切。

但她不能让英勇的营救者失望，于是她又穿上外套，悄悄地从后门进入车库，直到丈夫将她成功"营救"出来——她要让丈夫成为她的英雄。

爱并不需要回报，但不能被辜负，不能被嘲笑。爱不是彼此索取，而是彼此成全。

让关心你的人有机会对你施予关怀，让爱你的人可以向你表达爱，这也是一种美德。

逃家小兔

从前有一只兔子，很想离家出走。

有一天它对妈妈说：“我要跑走啦！”

“如果你跑走了，”妈妈说，“我就去追你，因为你是我的小宝贝呀！”

“如果你来追我，”小兔说，“我就要变成溪里的小鲤鱼，游得远远的。”

“如果你变成溪里的小鲤鱼，”妈妈说，“我就变成渔夫，用一张小网兜把你兜回家。”

“如果你变成渔夫，”小兔说，“我就变成高山上的大石头，让你抓不到我。”

“如果你变成高山上的大石头，”妈妈说，“我就变成一根长长的藤蔓，绕在你身上。”

“如果你变成藤蔓爬到山上，”小兔说，“我就要变成小花，躲在花园里。”

“如果你变成小花，”妈妈说，“我就变成园丁，我还是会找到你。”

“如果你变成园丁，找到我了，”小兔说，“我就要变成小鸟，飞得远远的。”

“如果你变成小鸟飞得远远的，”妈妈说，“我就变成树，好让你飞回来。”

“如果你变成树，”小兔说，“我就要变成小帆船，漂到你看不见的地方。”

“如果你变成小帆船，”妈妈说，“我就变成风，把你吹到我要去的地方。”

“如果你变成风，把我吹走，”小兔说，“我就要变成马戏团里的空中飞人，飞得高高的。”

“如果你变成空中飞人，”妈妈说，“我就变成走钢索的人，走到半空中好遇到你。”

“如果你变成走钢索的人，走在半空中，”小兔说，“我就要变成小男孩回家。”

“如果你变成小男孩回家，”妈妈说，“我正好就是你妈妈，我会张开手臂紧紧抱住你。”

“天哪！”小兔说，“我不如就待在这里，当你的小宝贝吧。”它就这么办了。

“来根红萝卜吧！”妈妈说。

“好，我正需要呢！”

爱是什么？爱就是总在身边而你却不知道的那份温暖，爱就是无论你走到哪里都走不出它掌心的那种陪伴，爱就是你逃到天涯海角最后还是想回去的那座心灵小屋。

如果我们爱一个人，就应该伸开温柔的臂膀，随时准备去呵护、去拥抱，而不是去责怪、去苛求。爱就是恰到好处的关怀。

一只手发出的掌声

这是一个关于吉米·杜兰蒂的故事。早一两代的人都知道，他是那时当红的艺人。

一次，有人邀请吉米加演一场给第二次世界大战老兵的晚会，他告诉那人，他的日程安排得很满，他只能抽出几分钟的时间来表演一段独角戏，然后他就得离场赶赴其他的约会。如果他们能够接受的话，他就答应去表演。当然，晚会的导演欣然答应了。

晚会进行的过程中，意想不到的事情发生了。时间早就过了吉米说的几分钟，可是他还站在台上继续表演，场下观众的掌声越来越热烈。15 分钟过去了，20 分钟过去了，30 分钟又过去了，吉米还在表演。终于，吉米鞠了一躬，恋恋不舍地离开了舞台。

在后台，有人关切地问吉米："不是只表演几分钟吗？发生了什么事？"

吉米说："是啊，我本该早就要走的，可是你自己去看看前排的观众，你就知道为什么了。"

原来，前排坐着两个男人，他们在战争中都失去了一只手臂 。一个失去了右臂，另一个失去了左臂。可是，每当吉米的一段表演结束，他们就合力开始鼓掌，大声地鼓着掌，高兴地鼓着掌——一个用左手，一个用右手。

我们都会经历一些感人肺腑的时刻，如果你碰到了，无论是什么人、是什么事，都不要忽视。要怀着感恩的心，去报答，去回馈，哪怕只是唱一首歌，哪怕只是一声"谢谢"、一个真诚的微笑……

一条名叫“信念”的狗

2008年年末，美国著名杂志《人物》周刊破天荒地让一条狗登上了它的封面。这究竟是一条什么样的狗？

严肃的《华盛顿邮报》对这条狗做了这样的描述：“它是降临在浮躁的美国的一种力量；它是笃定而欢快地照耀在任何一位迷失者前方的一盏路灯；它是早就藏好了眼泪和悲伤，却只表露笑容的一种幸福。它的名字叫“信念”，它是一条只有两条腿的、像人类一样直立行走的狗。”

时间追溯到5年前。一天，一户人家的母狗产下一条小狗，让主人和母狗吓了一大跳：它只有两条后腿。

狗妈妈见是一只“怪物”，于是拒绝哺乳。主人见状，也心生厌恶，狠心地将它丢弃了。

冷清的街道上，这条小狗凄凉的吠叫声像婴儿啼哭。有人走近一看，是条奇丑无比的狗，便侧身走开了。小狗的叫声渐渐弱下去，就要淹没在这尘世间了。

这时，一个美丽可爱的小姑娘珍妮发现了它。她弯下腰去看，小狗有着毛茸茸的身子，用一双后腿奋力地支撑着想站起来，一双眼睛还挂着泪珠。

珍妮心生爱怜，将这条小狗紧紧抱在了怀里。小狗乖顺地依偎着她，很快安静下来。

在珍妮的精心照料下，这条小狗不仅奇迹般地生存了下来，而且学会了像人一样用仅有的两条后腿直立行走，煞是可爱。

珍妮给它取了一个好听的名字——信念。

它的眼神如母亲一般慈祥贴心，它常和孩子们玩赛跑游戏，并为那些孤独寂寞的老人带去了久违的欢笑；它常和主人在少管所矜持而严肃地走路，把那些受管制的孩子感动得泪流满面；它还成为美国受伤士兵“心理医生”——它身着迷彩服，就像一个坚强的战士，逗得人们开怀大笑；它还到电视台作为特殊嘉宾，接受主持人的采访。

请问布莱登，你怎么能变得如此聪明？

谢谢小姐夸奖，因为我从来不放弃。我自信！

每个人都可以改变世界，珍妮做到了，“信念”也做到了。我们可以做到吗？

生命的力量使一条狗坚强地活着，爱的力量使它站立起来！

“信念”给了我们最好的启示：不能用四条腿行走，那就直立起来，这样，能看到更远的风景！

圣诞夜的握手

这是一个圣诞节的前夜，快打烊的时候，来了一个30多岁的男子，穿着一套皱巴巴的西装，领带也没有系。他在珠宝店里转悠，却是一副心不在焉的样子。终于，他的目光定格在一条镶有7颗钻石的手链上。“小姐，请把这条手链拿给我看一看。”姑娘迟疑了一下，还是按他的请求拿出了手链，递给他。

“多少钱?”他懒洋洋地问。

“12万美元，先生。”她说。

“太贵了吧。”说完他把手链还给了姑娘，就忙着往外走。姑娘小心翼翼地将手链放回原处，她分明看见手链上的钻石只剩下了6颗。她紧走了几步，在珠宝店门口追上了男子，伸出右手微笑着说：“先生，祝您圣诞快乐!”

男子稍微迟疑了一下，也伸出了右手，握住了她的手，笑着说：“谢谢!”说完，转身走出门外。

姑娘感觉右手心多了个硬硬的小东西，她知道，这就是那颗钻石。

10年后的一个圣诞前夜，还是在这家珠宝店里，一位40多岁的富商握住了珠宝店女老板的手：“谢谢你，是你给了我自尊，给了我生存的智慧!”

这个富商就是10年前的那个男子。珠宝店女老板，就是当年的那位姑娘。

如果能怀着一颗温柔的心，生活就会处处充满诗意和美好。

一个本来该剑拔弩张的时刻，却在那真诚的相握之间，化干戈为玉帛。这短暂的一瞬间，可让人经久回顾，意味绵长。

好多时候，因为一次真诚的握手、一个信任的微笑，你就收获了生命的钻石!

棉袄与玫瑰

在小镇最阴湿寒冷的街角，住着约翰和妻子珍妮。约翰是铁路局的扳道工兼维修，又苦又累；珍妮在做家务之余就去附近的花市做点杂活儿，以补贴家用。生活是清贫的，但他们是相爱的一对。

冬天的一个傍晚，小两口正在吃晚饭，突然响起了敲门声。珍妮打开门，门外站着一个冻僵了似的老头，手里提着一个菜篮。“夫人，我今天刚搬到这里，就住在对街。您需要一些菜吗?”老人的目光落到珍妮缀着补丁的围裙上，神情有些黯然了。“要啊，”珍妮微笑着递过几个便士，“胡萝卜很新鲜呢。”老人浑浊的声音里又有了几分激动：“谢谢您了。”

关上门，珍妮轻轻地对丈夫说：“当年我爸爸也是这样挣钱养家的。”

第二天，小镇下了很大的雪。傍晚的时候，珍妮提着一罐热汤，踏过厚厚的积雪，敲开了对街的房门。

两家很快结成了好邻居。每天傍晚，当约翰家的木门响起卖菜老人“笃笃”的敲门声时，珍妮就会捧着一碗热汤从厨房里迎出来。

圣诞节快来时，珍妮与约翰商量，打算从开支中省出一部分来给老人置件棉衣。“他穿得太单薄了，这么大的年纪每天出去挨冻，怎么受得了。”约翰点头默许了。

珍妮终于在平安夜的前一天把棉衣赶出来了。铺着厚厚的棉絮，针脚密密的。平安夜那天，珍妮还特意从花店带回一枝处理的玫瑰，插在放棉衣的纸袋里，趁着老人出门卖菜，放到了他家门口。

两小时后，约翰家的木门响起了熟悉的“笃笃”声，珍妮一边说着圣诞快乐一边快乐地打开门，然而，这回老人却没有提着菜篮子。

“嗨，珍妮，”老人兴奋地微微摇晃着身子，“圣诞快乐！平时总是受你们的帮助，今天我终于可以送你们礼物了，”说着老人从身后拿出一个大纸袋，“不知哪个好心人放在我家门口的，是很不错的棉衣呢。我这把老骨头冻惯了，送给约翰穿吧，他上夜班用得着。还有，”老人略带羞涩地把一枝玫瑰递到珍妮面前，“这个给你。也是插在这纸袋里的，我淋了些水，它美得像你一样。”

娇艳的玫瑰上，一闪一闪的，是晶莹的水滴。

爱，当我们拿来分享的时候，一个就变成了两个。

我们都需要关怀，只是很多时候，我们忘记别人也需要。

别开生面的告别

被誉为“音乐之父”的著名音乐家海顿，曾经担任过斯合哈奇公爵府邸乐队的队长，领导着 30 名乐手。

有一天，公爵突然决定遣散这支乐队，这就意味着，海顿和 30 名乐手将要暂时失业。乐手们一时心烦意乱，不知所措。

海顿心想：公爵决定过的事情是很难更改的，于是，提笔谱出了一首《告别曲》，准备举办一次独特的告别演出。

这是最后一次为公爵表演，虽然乐手们万分难过，但看在平时和公爵的情谊上，大家还是十分卖力地演奏。

乐曲开始的节奏欢快、优美，将乐手与公爵的美好友谊表达得淋漓尽致，公爵不由得感动起来。渐渐地，乐曲由明快转为平缓，又由平缓转为黯淡。随后，旋律中散发出一种悲怆的情绪，像秋天的浓雾一般在大厅里弥漫开来。

这时，一名乐手停了下来，吹灭乐谱架上的蜡烛，站起身向公爵深深地鞠了一躬，然后悄悄地离开。

演奏继续进行。接着，又一名乐手放下手中的乐器，吹灭前面的蜡烛，走下舞台，向公爵深深鞠躬，然后离开……

乐手们以相似的方式一个又一个地离去。最后，空荡荡的大厅里只剩下了海顿一个人，旁边一支蜡烛在黑暗中静静地闪烁着。

海顿停下了指挥棒，默默地走向公爵，深深向他鞠了一躬，慢慢地转过身也要离开。

公爵再也忍不住了，大叫起来：“海顿，这是怎么回事？”

海顿平静而诚挚地回答：“尊敬的公爵大人，这是乐队的全体同仁在向您做最后的告别啊！”

公爵突然醒悟过来，流着眼泪说：“啊！不！请让我再考虑一下。”

就这样，海顿和30名乐手，凭着一首《告别曲》使公爵改变心意，将他们挽留下来。

为了梦想，为了心中的太阳，为了生命的杰作！

当惜别的乐曲缓缓奏响，当友情的蜡烛渐次熄灭，当最后的鞠躬留给告别……公爵才会明白，一段美好的时光即将结束。

为什么总是到要失去的时候，我们才会倍加珍惜？

一美元改变的世界

劳拉·奥斯利是美国《华盛顿邮报》的经济版主编。有一天，他准备乘地铁去一家合作公司谈一笔报纸广告业务。这是一笔很大的单子，他非常重视。但事情往往就是这样，越急越容易出错。当他匆匆到达地铁通道时，发现竟然忘记带钱包了。

“该死！”奥斯利沮丧地骂了自己一句。他掏遍了所有口袋，一美分也没有。让他窘迫不已的是，眼前有一个斜躺在地、仪容不整的流浪汉，此刻正抬头一眨不眨地看着自己的尴尬，奥斯利更加窘迫。

“先生，请问我能为你做些什么？”流浪汉站了起来，关切地问奥斯利。奥斯利吃了一惊：“啊，哦……我有急事要乘地铁，钱包却忘到了办公室，回去取又来不及了。”流浪汉笑笑，从口袋里掏出自己的家当，50美分、20美分、10美分……用分币凑够了1美元，流浪汉微笑着递给了奥斯利。

那一刻，奥斯利内心感到无比温暖，1美元也许就是这个流浪汉一天的收入，也许给了自己，他的午餐将化为乌有。

奥斯利坐上地铁，顺利地办完了事。那一天，他都在为这种“帮助”而激动、感恩。第二天，他专门来到昨天邂逅流浪汉的地方，他要好好感谢一下给予自己滴水之恩的“贵人”，但他发现，那儿连一个人影都没有。

回到宽大舒适的办公室，奥斯利陷入沉思。他出生在上层家庭，5年前哈佛大学经济学专业毕业，应聘到《华盛顿邮报》

工作，每天关注的是华尔街的股市交易、黄金市场走向、500强企业的动态，却忽略了另外一个整天和饥饿、贫困斗争的群体。他开始为自己的自私而羞愧，自己能为这样虽然无家可归却心灵闪烁着人性光辉的流浪汉做些什么呢?

忽然，奥斯利的内心灵光一现：对，发挥自己所长，为流浪汉办一份报纸，一份温暖流浪者心灵的报纸，让他们参与进来，自食其力。这一天定格在2003年2月12日。

第二天，奥斯利辞职，并说服自己的好朋友特德·亨森加入进来。两人找到美国“无家可归者联盟”。在这个民间组织和一些志同道合者的帮助下，2003年11月，第一期《路感》出版，用大篇幅报道了华盛顿特区的流浪者群体艾滋病毒携带者生存状况，印刷了5000份。

慢慢地，这份16页报纸内容变得丰富起来。一半内容由街头流浪者或曾经的流浪者提供，其余的则由专职记者和来自各行各业的志愿者撰写。报纸为流浪者提供信息，为他们发声，讲述他们的故事。报纸印刷完成后，被分发到市区各地100多名无家可归者手中，他们以每份0.35美元的价格购买报纸，然后以1美元的价格出售，这样平均每人每天能赚45美元。

几乎所有参与《路感》卖报纸的流浪汉都表示，卖报纸明显改善了他们的生活。这不光是经济上的变化，有的人开始和疏远的家人联络，或是学到了写作和沟通技巧，对更多人而言，《路感》让他们重拾自尊和对生活的信心。

2011年3月28日，接受老东家《华盛顿邮报》采访时，奥斯利深情讲述了9年前发生在自己身上的故事：“不论他们的经历有多悲惨，这些无家可归者仍有可以打动人的闪光点，他们有权利保持尊严地活着。”

《路感》成为华盛顿地区唯一一家发行量不断增加的报纸，现在已经扩大到160万份。

如果我们是为一种责任而开始自己的事业，为了人们生活得更好而采取某种行动，为了世界更加美丽而奉献力量和智慧……

那么，我们的人生就不会虚度，我们获得的一切都可谓成功。

亨利·福特和农夫

一个农夫正开车沿着一条乡间公路行驶，突然看到前面有一个男人和一辆汽车。

那辆汽车显然出了故障。农民停下车，走上前去，问自己是否可以帮得上忙。那个男人问他，能不能搭带他去一下当地的汽车服务站。

农夫同意了，两人一起上了路。一路上，那个人不停地向农民道谢，并且许诺付给他报酬。

农夫什么话也没说，只管开着车，将那个人送到服务站。那个男人从怀里掏出钱包，随手抽出几张钞票，感激地递给农夫。可是，农夫断然拒绝了他的钱。

“可是，你送了这么远，耽误了那么多工夫，难道你一点儿也不想得到补偿吗?”

听了那人的话，农夫回答道：“一个人如果不能帮一个需要帮助的朋友，那是多么糟糕的事情啊。”说完开着自己那辆叮当作响、几乎无法行驶的卡车，头也不回地走了。

几个星期以后，农夫接到铁路运输公司打来的电话，说他们那里有运给他的一件相当大的货物。农夫不知道是什么货物，就去了货场。

在那里，农夫看到一辆崭新的福特牌卡车，有一张纸条随签收单放在一起。纸条上只简单地写了一话：“一个人如果不能帮助一个需要帮助的朋友，那是多么糟糕的事情啊。”

末尾的签名是：亨利·福特。

农夫帮助别人，不是为了回报，他只是为了帮助别人。

福特回报了农夫，他回报的不只是农夫的一次帮助，还有农夫不求回报的心意。

我们彼此相爱

在阿根廷著名漫画家季诺的《玛法达与伙伴们》中，玛法达有个弟弟吉也，喜爱喝汤，说话口齿不清。他会把所有的羽绒枕芯拆开，让羽毛四处飞扬，并且真诚地问推门而入的妈妈："这些大枕头是用秋天的鸡做的吗？"他还会在家里的墙上、地上涂鸦，并天真地问他的妈妈："这支铅笔里怎么会有这么多东西？"

别看这小家伙嘴上还叼着奶嘴，说话哩哩啰啰，可是常常洞察世相和人生的真谛。终于有一次，妈妈发现他打开了水龙头，水从浴室漫到了房间。她瘫倒在墙边，吉也可怜巴巴地对妈妈说："重要的是，妈妈，我们彼此相爱，请您看不见这些水，好吗？"

吉也这张王牌真是战无不胜。

"重要的是，我们彼此相爱。"这个小鬼是怎么知道这个天机的？他知道，爱是人内心最柔软的品质，任再大的风波、再糟糕的处境、再难收拾的烂摊子，打出这张牌，谁还不会怦然动心？何况，本来就是爱心满满的妈妈，本来就是情谊满满的亲人呢？

"重要的是，我们彼此相爱"，如果这样，有什么过错不能宽容？有什么怒火不能熄灭？有什么恩怨不能化解？

"重要的是，我们彼此相爱"，如果这样，我们为什么不永远相爱？我们为什么要彼此伤害？我们为什么不能主动敞开温暖的怀抱？

报刊亭前的心跳

在纽约市中心的一条主干道上，有这样一个报刊亭。报刊亭里摆放着各种知名的报纸和杂志。早上，附近的上班族都喜欢从这里买一份晨报，到了傍晚，许多出来散步购物的行人也喜欢从这里买张晚报或者杂志，然后，悠然自得地在街旁长椅上摊开阅读。

这里要说明的是，报刊亭的老板是一位年过花甲的盲人。也许你要质疑：盲人也能卖报？别人若是骗他该怎么办？事实证明，这些疑问完全是多余的。

据报刊亭附近的街道监控采下来的录像显示，所有光顾过这家报刊亭的顾客，没有一个人赖账，无一例外地按照报刊的定价把钱交给盲人老板。甚至还有一部分人，付钱买了报纸，并不带走，而是在报刊亭附近的长椅上迅速浏览，浏览完毕，再把报纸放回原来的位置。

也许你会感叹：这里的人真是很有诚信。是的，没错，但这只是其中的一个方面。

在报摊货架中央，盲人老板安放了一个红木做的盒子，盒子是“心”形的，盒子盖上写了这样一句话：“报刊愉悦您的眼睛，我只想听听来自您心灵的声音。”

因此，所有第一次光顾这个报刊亭的人，都会恭恭敬敬地付上报刊钱；所有到过这个报刊亭的人，如果再次光顾，快到报刊亭的时候，都会整一整自己的衣衫或领带，昂首挺胸地走进去，然后，取下报刊，付了钱，再虔诚地走出来，像是走进一间朝圣的圣殿。

心理学家分析，他们不是在整理自己的着装，而是在整理自己的心灵；不是给盲人看，而是给自己的内心检阅。

盲人老板的脸上始终洋溢着微笑，那笑容中透着真诚和信任。许多人都说，那个报刊亭不是一间普通的报刊亭，而是一座“教堂”！

对于这些，还是让我们听听盲人老板是怎么说的吧——

“我能听得见每一个路过读者的心跳，他们的心跳是那样温柔，那样善良，像极了婴儿的一颗初心。我每天都着迷于倾听这样的心声……”

注视我们的眼睛无处不在：天在看，地地看，人在看，自己的良知在看——慎独。

生活原本不是为了让别人看，是让我们自己看。我们心中的善恶美丑，都逃不过自己的眼睛。

我们都不完美，但我们都会努力做一个好人，是为了让我们面对自己时，不至于羞愧。

典狱官的妻子

1921年，刘易斯·劳斯成了森森监狱的典狱官。在那个时代，没有哪个监狱比得过森森监狱的严苛。但是当20年后，劳斯典狱官退休的时候，该监狱已经成为一个富有人道主义精神的公共机构。

人们把荣誉归于劳斯，但他说："我把这归功于我了不起的妻子，凯瑟琳，她就埋葬在监狱的墙外。"

当劳斯成为典狱官的时候，凯瑟琳是一位有着3个小孩的年轻母亲。因为森森监狱的状况严峻，从一开始人们都警告她，绝不要踏进监狱围墙一步。但当第一次监狱棒球赛举办的时候，她去了，和她的3个漂亮小孩一起走进了棒球场，与监狱的成员一起，坐在看台上。

她的态度是："不论他们是不是犯人，首先，他们是人，我相信他们也会照料我的！我不担心！"

那场球赛之后，她和很多犯人成了朋友。

她发现一位被判谋杀罪的犯人是个盲人。于是她去拜访他："你会读盲文吗？"她握着他的手问。"什么是盲文？"犯人问。于是她教他读盲文，几年后，他学会了阅读，并读了很多书。

有的人因为悲观，对生活失去希望，她和他们谈话，倾听他们的痛苦。然后，她把自己做的披萨送给那个人，从此，看到那个人流泪的脸上有了微笑。

有的犯人从小到大都没有过过一次生日，她知道了，就悄悄在那个人生日到来的时候，把一个美味的蛋糕放在那个人的面前。

总之，在那些犯人的眼里，她不是典狱官的妻子，而是一个妹妹，一个姐姐，或者是妈妈。她让那些曾经十恶不赦的人看见了爱和温情，看到生活的美和意义。

后来，凯瑟琳在一次车祸中遇难。次日早上，劳斯没有上班，代理典狱官接替他的工作，很快，监狱里的人就知道出事了。当代理典狱官进行早间巡视的时候，他惊讶地看见一大群最凶暴、最面目狰狞的罪犯，像一群动物一样聚集在大门处。等到他哆嗦着走近，并默默操起警棍和手枪，他却看到那些人——正在哭泣。

那一刻，代理典狱官也哭了。他对那些男人说："好的，你们可以去参加葬礼，但要保证晚上回来报到!"然后他打开了大门，一群罪犯走上大街，周围没有一个警卫，走过四分之三的路程后，他们自发地排好队向凯瑟琳家走去。葬礼结束，每一个人都回到监狱，没有一个趁机逃走。

被爱的人，会变得温柔；被信任的人，会变得高尚。

善念是一颗种子，需要给一些阳光和雨水，需要有人去培植、去呵护，需要有人用善意去激发。

圣地

有一个老人，临终前把土地和财产平均分给了两个儿子。

老人过世后，小儿子想："我独自一人日子容易打发，可哥哥拉家带口的，生活会比较艰难，我应该把自己的那一份再分一半给哥哥才对。"

而大儿子也想："我已成家立业，只要一家人齐心协力，生活不会成问题。可弟弟却是孤身一人，我应当为他以后的日子多做打算。"

到了收获的季节，单身的弟弟就从自己的粮仓里装上一些谷物，悄悄穿过两人房子之间的那块地，把粮食倒在哥哥的粮仓里。

与此同时，已经结了婚的哥哥也用手推车趁着星月无光的时候，将自己的苹果和玉米搬一半偷偷送到弟弟的仓库里。

两兄弟都困惑了很久，因为他们自己的粮仓从来都没有减少过，有时候还比原来更多。

一天深夜里，两兄弟又推着车偷偷去给对方送粮食，不巧在半路上相遇了，他们终于明白事情的原委。于是，他们一个放下手推车，一个放下肩上的担子，紧紧地拥抱在一起。从此，他们决定不分家，共同经营父母留下的土地。

兄弟俩的故事，曾打动过千千万万人的心，后来，传说中他们抱在一起痛哭的地方，成了后来的"耶路撒冷"。人们之所以不远万里到这里朝圣，那是因为：爱是人们心中的圣地。

无论世界变成什么样子，人们渴望爱的心永远不变。这个世界经历了那么多战争、瘟疫和饥荒，可是人类还是坚强地活着；这个世界虽然有欺诈、恐怖和仇恨，可是人类还是幸福地活着……只因为爱还在，爱还活着。

你先试试

萨拉与罗德恋爱5年了，可罗德生性懦弱，每遇到不敢做的事就会对萨拉说："你先试试！"

眼看婚期临近，萨拉突发奇想，要彻底改变罗德。她邀罗德一起出海，因为人们都说大海是最能锻炼人的地方。

就在他们返航的时候，却发生了一场意外，一股强大的飓风将他们的小艇摧毁。幸亏萨拉抓住了一块木板，两个人总算暂时保住了性命，但却无助地在海上漂着。

萨拉问罗德："你害怕吗？如果碰到鲨鱼，该怎么办？"

"我也不知道。不过，"罗德从怀里掏出一把水果刀，"我有这个，要是鲨鱼敢来，我就用它来对付"。萨拉摇头苦笑，再也没有说话。

不久，一艘货轮出现在不远处的海面，萨拉疯狂地挥动着自己的红衬衫，货轮上的人发现了他们。

就在他们欣喜若狂的时候，一条鲨鱼却幽灵般地出现了。萨拉大叫着给罗德鼓劲儿："我们一起用力游，马上就可以得救了！"罗德却突然用力一把将萨拉推进海里，独自扒着木板向货轮游去，一边游动一边大声喊道："萨拉，这次我先试试！"萨拉惊呆了，望着罗德的背影绝望地哭了。

鲨鱼正在逼近，可奇怪的是，它们好像对萨拉根本不感兴趣，却绕过她径直朝前面的罗德冲去。罗德被鲨鱼凶猛地撕咬着，他一边发疯地游动，一边大声地喊道："萨拉，我爱你……”

萨拉被货轮救了起来，过了一会儿，罗德也被救了上来。他已经深度昏迷，一条腿几乎被鲨鱼咬断。

船长走到萨拉身边说："小姐，我不知道那个勇士是你什么人，但他是我见过的最勇敢的人，我们为他祈祷，希望他很快康复！"

"不，他是个胆小鬼！"萨拉痛苦地叫道。

"你怎会这样说呢？刚才我一直在用望远镜观察，我清楚地看到，他把你推开后，就用小刀割破了自己的手腕。你知道，鲨鱼对血腥味很敏感，是他把鲨鱼引向自己，否则，恐怕你永远不会出现在这艘船上……"

有多少感情被误解？有多少爱没有看见？有多少真相永远无法揭开？

如果没有船长的提醒，罗德和萨拉还有没有未来？

爱需要明辨，需要坚守，需要承担。

命　运

贫富荣辱的轨迹

HARVARD FAMILY INSTRUCTION

为何工作

若干年前的一天，天气极其炎热，一队工人正在铁路的路基上干活。

一辆缓缓驶来的列车停了下来，最后一节车厢的一扇车窗升了上去，那是一节带空调的特制包厢。一个浑厚亲切的声音朝窗外喊道："大卫，是你吗？"队长大卫·安德森应声答道："是我啊，吉姆，看到你真高兴！"

两人愉快地打过招呼，铁路总裁吉姆·墨菲邀请大卫·安德森上车叙谈。两人兴致勃勃地聊了一个多小时，然后依依不舍地握手道别。

大卫·安德森的队员一下子将他团团围住，七嘴八舌地表达他们的惊讶之情——大卫竟然和铁路总裁是朋友！

大卫解释说，20多年前，他和吉姆·墨菲是同一天开始在这条铁路上工作的。其中一个工人半开玩笑地问大卫，为什么他还得头顶烈日在铁道上挥汗，而吉姆·墨菲却成了总裁？

大卫颇为惆怅地解释道："23年前，我是为每小时1.75美元的薪水而工作，吉姆·墨菲却是为这条铁路而工作。"

假如你仅仅是为赚一份薪水而工作，薪水就是你唯一的动力，你最终的价值也就只是一份薪水的价值。

你站得有多高，看见的世界就有多大，脚下的路就有多远。

索伦的奇遇

人生会有很多奇特的际遇。当你在迷途中茫然不知所往时，智者忽然降临，似乎受了上帝的派遣，堂堂然立在你面前，为你指点迷津，从此改变了你的人生轨迹，这该有多么神奇！

索伦 14 岁的时候，像春潮搅动了积年的沉渍，一下子产生了无法排解的厌学情绪，成绩直线下滑，惨不忍睹，不得不中途辍学。

一日，索伦在街上遇到一位年老的流浪汉，老人识破天机一般地问他："你是否是从学校逃出来的？"因为索伦稚气的脸表明，他应是上学的年龄。索伦默然不语。老人又说："跟我来吧，宝贝，我有神奇的东西要给你。"索伦鬼使神差地随老人来到了市立图书馆。

在图书馆，老人从一个角落的书架上，抽出两本看似尘封多年、封面残破不堪的书。"我有两个忠告给你，"老人抚摸着那两本厚重的书说，"第一，永远不要根据书的封面来判断一本书的优劣，封面会将你蒙蔽！"老人略一停顿，话锋转到自己身上，"我敢打赌，你肯定以为我是一名流浪汉，对吗？"

"我想是的。"索伦直言不讳地说。老人露出一丝狡黠的微笑，不无自豪地说："孩子，说出来一定令你大吃一惊。可以说，我是世界上最富有的人之一，我可以拥有任何我想得到的东西。不过，一年前，我深爱的妻子过世了。生活并不偏袒任何人，有些厄运似乎不可逆转，无论你拥有多少财富。我反思我的生活，觉得真如罗素所说——你知道有这个人吗？不要紧，我想早晚你会喜欢他。他说，参差多态才是幸福的本质。我决定去实践多种人生体验，做一名流浪汉就是其一。于是从去年开始，我辗转于城市之间，流落在街头巷尾。我觉得，一个拥有高贵灵魂的人，无论身处何方，都可以安之若素。所以孩子，千万不要以貌取人，就像判断一本书，封面并不可靠。”

老人停了一下，继续说：“我的第二个忠告是，学会阅读。厄运可以剥夺你的财富、健康、亲情，唯一不能剥夺的是你的智慧。阅读是获取智慧的重要方法，这一点，毋庸置疑。”老人轻抚着自己蓬松的白发，俨然一位充满智慧的哲人。

最后，老人把那两本旧书摊放在索伦面前，它们是柏拉图和亚里士多德的著作。看着这两本书，索伦突然有了要读懂它们的欲望。临别时，老人要求索伦千万不要忘记他的两个忠告。当然，索伦没有忘记，否则，欧洲古典哲学大师中，就不会有索伦·克尔凯郭尔的大名了。

索伦·克尔凯郭尔，丹麦宗教哲学心理学家、诗人，现代存在主义哲学的创始人，后现代主义和现代人本心理学的先驱，他出生于丹麦首府哥本哈根一个笃信基督教的富裕牧师家庭，病逝于丹麦哥本哈根。

每一种处境都是一所学校，每一次经历都是一次学习，每一个人都是一位老师，只要我们用心生活，所有的机遇都是我们通往成功的桥梁。

如果下降两厘米

清晨，在山中，一条河流静静地流淌。有一只苍蝇在河面上方飞旋，离河面仅差几厘米。水下有一条小鱼，它想，如果苍蝇再飞下来两厘米，我就可以跳起来吃掉它了。

在岸边潜伏着一只熊，它心里想着，如果苍蝇飞下来两厘米，那条小鱼就会跳起来吃掉它，而我就可以冲过去好好地享受一顿美餐了。

在河流附近，一个猎人正藏在高高的草丛里，他静静地看着这一幕想着，如果苍蝇下降两厘米，小鱼就会跳起来吃掉它，熊就会跑过去抓住鱼，而我就可以一枪击中那只熊。

在岸上的一个洞口处，有一只老鼠，它想着，如果苍蝇下降两厘米，小鱼就会跳起来吃掉它，熊会跑过去抓住那条鱼，而猎人就会站出来向熊射击，那么，我就有足够的时间去拿走他袋子里的奶酪了。

这时，在附近的一棵树上，蹲着一只小猫，他想，如果苍蝇下降两厘米，小鱼就会跳起来吃掉它，熊就会跑过去抓住那条鱼，猎人就会站出来向熊射击，而那只老鼠就会跑出来偷奶酪，那样我就可以快速地抓住老鼠了。

大家都美滋滋地期待着。突然苍蝇下降了两厘米，那些早有预谋者立刻按计划行动起来。鱼跳起来准备吃掉苍蝇，熊冲出来打算一口将鱼吞进肚子，这时，猎人站起来向熊射击……

一声枪响，打破了所有的宁静，苍蝇一转身飞走了，鱼儿

“哗啦”一声不见了，熊一失足掉进了水里，老鼠吓得忘记了奶酪，而猫也忽然失去了平衡，从树上摔了下来。

当我们紧紧盯着人生的诱惑而在心中做着自认为完美的计划时，我们常常会忘记一声“枪响”所带来的一连串的恐慌。

你开着车，却遇到大海，这就是命运。如果正好大海结冰了，那就是运气。如果这只是一个玩笑，前面还是路，那就是幸运。

生活总会出现你无法预料的情节，它们有可能把你计划好的一切全盘否决。

对于一个人来说，我们该做的是好好生活，努力把地耕好，把种子撒进去，安静地等待秋天，安静地接受神的果实。

一切妄想都只能带来失望。

屋顶的雨滴

美国俄亥俄州有一座地理位置非常独特的房子。下雨时，落在屋顶北侧的雨滴与小溪汇合后，流进附近的安大略湖，然后汇入加拿大东南部的圣劳伦斯湾；而落在房子屋顶南侧的雨滴则经密西西比河，最终流入美国南部的墨西哥湾。

在这座房子屋脊的最高处，两边雨滴的落点常常变幻不定。许多应该落在南侧的雨滴落在了北侧，或者应该落在北侧的雨滴却落在了南侧。这些最初相距不过咫尺的雨滴，经蜿蜒流淌最终抵达大海后，彼此之间的距离达到了数千英里。

令人惊讶的是，决定这些雨滴最终去向的，不过是雨天从屋顶轻拂而过的一缕微风。

一滴雨水的遭遇竟是如此神奇！

这一微妙的自然现象提醒我们：生活中许多看似微不足道的举动或话语，往往会在不经意间影响着自己或者他人，并最终改变一个人的命运。

偶然的风，可以让雨滴飘向屋顶的南侧或北侧，但无法阻止它们奔向大海。

逆境能改变人生的道路，但改变不了人生的方向——如果人生本有目标。

假如赶快些

有一个年轻人，和父亲一起耕作一小块土地。每到收获季节，他们会把蔬菜和粮食装满牛车，运到城里去卖。

一天清晨，他们套上了牛车，载满一车货，开始了又一次旅程。儿子用棍子不停催赶牛，希望快点到达市场。

“放轻松点儿，儿子，”老人说，“这样你会活得久一些。”

“可是我们若比别人先到市场，就有机会卖好个价钱。”儿子反驳道。

父亲不回答，只把帽子拉下来遮住双眼，在座位上安心睡觉。年轻人甚为不悦，越发把牛催促得更快些。

他们走了一段路，来到一间小屋前，父亲醒来了，微笑着说：“这是你叔叔的家，我们进去打声招呼。”

“可是我们已经慢了一个小时，”着急的儿子说，“那么再慢几分钟也没关系。”父亲回答。

儿子不耐烦地等候着，直到两位老人慢慢地聊足了一小时。

这次轮到老人驾驭牛车。走到一个岔路口，父亲把牛车赶到右边的路上。

“左边的路近些！”儿子喊道。“我知道，”老人回答，“但这边的路景色好多了。”

“你不在乎时间？”年轻人说。“噢，我当然在乎，所以我喜欢看美丽的风景，尽情享受每一刻。”

黄昏时分，他们来到一片树林边，老人把牛车停下说：

"我们在此过夜好了。"

"这是我最后一次和你做伴，"儿子生气地说，"你对日落、花香比赚钱更有兴趣!"

"对了，这是你许久以来说得最好听的话。"父亲微笑着说。

几分钟后，父亲睡着了，儿子则望着天空，辗转反侧。

天一亮，儿子便摇醒父亲。他们刚走了一里地，就遇到另一位农夫——素未谋面的陌生人——正力图把一头牛从深沟里拉上来。

"我们去帮他一把。"老人低声说。"你想失去更多的时间吗?"儿子勃然大怒。"放轻松些，孩子，有一天你也可能掉进沟里。我们要帮助有所需要的人——不要忘记。"

儿子生气地扭头看着一边，他对父亲的做法感到很恼火。

几乎已是早晨8点钟了，突然，天上闪出一道强光，接下来似乎是打雷的声音，远处的天空上出现了一个五光十色、光芒四射的火球，随之一团巨大的蘑菇烟云冲天而起，瞬间四周变成一片黑暗。

"看来城里在下大雨。"老人说。

"我们若是赶快些，大概已把货卖完了。"儿子大发牢骚。

"别急躁，孩子，这样你会享受更好的人生。"父亲劝告道。

他们终于抵达那座可以俯视城市的山顶。他们站在那里，看了好长一段时间，一言未发。终于，年轻人把手搭在老人肩膀上说："爸爸，我明白您的意思了。"

此刻已经是1945年8月6日的下午，父子俩把牛车掉转头，离开了那个从前名叫"广岛"的地方。

由卑微的动机所驱使，为短暂的目标而奔波，因琐碎的小事而烦恼……急功近利的人，往往无功而返，常常无利可图。

幸运不一定留给跑得最快的人，而是留给那个无求于它的人。

感谢谁

1895年，英国军事法庭开庭审判一名士兵，他叫哈特菲尔德，在英国女王白金汉宫里担任卫兵。有一天，他值夜班的时候，宫里有重要物品被盗，他被指控在值班时睡着了。按照军法，法庭判处他死刑。

在执行死刑的前一天，哈特菲尔德向法庭申辩说："我冤枉！那天我真的没有睡觉。"

法官说："你说你没有睡觉，你有证据吗？比如说，你看见了什么？听到了什么？"

他想了一下，说："我听到了，那天深夜的12点钟，议会大厦的大钟敲响了13下。"

这太荒谬了！那面大钟走时准确，分毫不差，怎么会多敲一下呢？法官认为这是不可能的，准备驳回申辩，维持原判。

可是，哈特菲尔德的辩护律师却提出了异议，他坚决要求法庭进行一次补充调查。

调查的结果让他们大吃一惊，原来那天夜里，大钟的一个部件出现异常，那面钟的确在午夜12点敲响了13下，当时有不少人听见。于是，哈特菲尔德被无罪释放。

哈特菲尔德死于1950年，按照他的遗嘱，人们在他的墓碑上刻下了如下的文字：感谢上帝，让大钟多敲了一下，使得长眠于此地的人多活了55年。

你做了什么，总有人知道。

你的人生最终不是由别人决定，是由你自己决定的。是上帝让钟敲了13下，是你自己亲耳听见。

成功与失败

20世纪50年代，家住纽约哈莱姆黑人聚居区的罗伯特·拉尼，已经是拥有6名子女的父亲。1958年，当第7个儿子降生后，罗伯特高兴地为他取名叫“成功者”（Winner），希望他将来功成名就，事事如意。

1961年，妻子又为罗伯特生下了第8个儿子，但此时的罗伯特已经对为子女取名感到厌倦，于是，就随意为这个儿子取名叫“失败者”（Loser）！据失败者·拉尼回忆：“当我出生后不久，爸爸回到家中，他看了看我，就要我的大姐给我起个名字。大姐想了一会儿说，既然我们家有了一个成功者，为什么不再来个失败者呢？于是，我的名字就这样确定了。”

罗伯特在小儿子出生后不久去世。不过，这位父亲做梦也想不到的是，两个儿子的人生轨迹恰好和他们的名字相反，尽管拉尼兄弟是在完全相同的环境中长大的，失败者·拉尼从小处处成功，而成功者·拉尼却处处失败！

失败者·拉尼在学校成绩优异，顺利得到了奖学金，并考上了宾夕法尼亚州名牌大学拉费耶特学院。大学毕业后，他又加入了军队，成为一名军官。如今，失败者·拉尼是纽约南布朗克斯区的一名高级侦探，生活美满，事业有成。然而，成功者·拉尼的人生却完全是另一副模样。据悉，他至少有31次被捕记录，2002年，他甚至因盗窃汽车而被监禁两年。如今，成功者·拉尼住在纽约贫民区一个流浪者收容所中。

兄弟二人几乎很少见面，通常只有当哥哥成功者·拉尼缺钱的时候，才会给弟弟失败者·拉尼打电话。失败者·拉尼称："哥哥从小个性放纵，当我们俩在一起的时候，别人总是情不自禁地夸奖他，因为他有一个很好的名字。正因为这样，他逐渐因为名字而得意忘形，仿佛一生都因为名字而注定。"

失败者·拉尼表示，名字并不能决定命运。他说："当我幼年的时候，根本没有意识到这是个糟糕的名字。但到了中学时代，所有人都知道我的名字是失败，我成了大家的笑柄，我也一度恨透了这个坏名字。也许正是这样的名字激发了我的斗志，我只有处处比别人做得好，才能获得别人的认可。"

教育不是让孩子屈服，是让他们信服；不是让他们难受，而是要让他们接受；不是要赢了孩子，而是赢得孩子。

"成功者"失败了，而"失败者"却成功了。到底是什么决定了这对兄弟的人生？是他们的父亲吗？是他们的名字吗？

人生不是被动地接受，成功或失败都不能强加于人，一切结果都源于自我的选择。

画家的假钞

1887 年，美国南部一个小镇。一天，一个 60 岁左右仪表不凡的绅士伊曼纽尔·尼戈先生在一家杂货店里买香烟，他递给女店员一张 20 美元的钞票。

女店员接过钞票，低头找零钱的时候却发现弄湿的手沾了钞票上的颜料。她惊讶地停了下来。经过几秒钟的短暂思考，她认为，作为她的老朋友、老顾客，尼戈先生一定不会给他一张假钞。于是她如数找回零钱，尼戈接过钱离开了杂货店。

过了几天，那个店员还是心存疑虑，便把那张钞票送到了警察局。一名警察坚持认为钞票是真的，而另一名警察则对沾掉的颜料痕迹大为怀疑。他们怀着好奇心来到了尼戈家。

意想不到的事情发生了：他们竟然在尼戈家里找到了一台伪造假钞的机器，还有一张正在制作的 20 美元的假钞。同时，他们也看到了尼戈已经绘制结束的 3 幅假钞上的肖像画。

调查结果是这样的：尼戈先生是一名杰出的画家，他熟练地运用画家手笔，一笔一画绘制了那些 20 美元的假钞。他的技艺如此高超，以致几乎骗过了所有的人，包括银行里的职员。

尼戈很快被捕了。入狱后，他画的 3 张肖像画被拍卖了 1.6 万美元，每幅画均超过 5000 美元。让无数人为之惊惋的是，尼戈画一张 20 美元的假钞所用的时间，几乎和画一幅价值 5000 美元的肖像画一样多！

有才华的人会比普通人更容易抵达成功的彼岸，假如他的“彼岸”是正确的话。

才华非凡的人一旦误入歧途，他的非凡才华只会成为难以承受的重负，只会加快他陨落的速度。

偶遇贵人

乔伊斯在美国的律师事务所刚开业时，连买一台复印机的钱都没有。移民潮一浪接一浪涌进美国时，他接了很多移民的案子，经常在半夜的时候被唤到移民局的拘留所领人。他时常开着一辆破旧的车，在小镇间奔波。

经过多年的努力，他的事业得到了很大的发展，终于过上中产阶级的生活。

天有不测风云，一念之差，乔伊斯将资产用于投资股票，几乎亏尽。更不幸的是，随着移民法的修改，职业移民名额削减，他的律师事务所顿时门庭冷落。

一天，乔伊斯闲来无事，到花园散步。突然，一名中年人叫住了他："你认识乔伊斯吗？他跟你长得很像。"

"啊，我就是！"乔伊斯答道。

中年人感到很诧异，经过一番交谈后，他很快就明白过来了，笑着问道："还记得我吗？"

乔伊斯摇摇头，中年人微微一笑，拿出一张很皱的5美元汇票，还有一张背面写有乔伊斯名字的照片。

中年人看了看他，缓缓地说道："10年前，在移民局，我在排队办理工卡，当时人很多，我们在那里拥挤和争吵。当轮到我的时候，已经快关门了。当时，我不知道申请工卡的费用涨了5美元，移民局不收个人支票，我身上没带现金，如果我再拿不到工卡，雇主就会解雇我。就在这个紧急关头，你从身后递了5美元上来，解除了我的燃眉之急。我要你把地址留下，以后好还钱给你，你就给了我一张你的照片。”

乔伊斯也慢慢想起了这件事。但毕竟年代久远，他仍然将信将疑地问：“后来呢?”

中年人继续道：“后来我就在一家公司工作，很快我就发明了两个专利，并成为这家公司的总裁。我到公司上班后的第一天就想把这张汇票寄出，但是，我却一直没这么做。我一个人来到美国闯天下，经历了许多冷遇和磨难。这 5 美元改变了我对人生的态度，所以，这张汇票是不能这么随随便便寄出去的……没想到今天在路上遇到了你。为了感谢你对我的帮助，我决定将公司 30%的股权转让给你，并聘你为公司的终身法律顾问。”

乔伊斯做梦也没有想到，多年前的小小善举竟然获得了这样出人意料的结局。

5 美元改变了一个人的命运，然后又改变了另一个人的命运。5 美元的价值微不足道，可是，5 美元的心意却重于山岳。

并非是金钱改变了人生，而是美德改变了人生。

你错过了什么

你年轻聪明、壮志凌云，你不想庸庸碌碌地了此一生。你渴望名声、财富和权力，因此，你常常会发出各种抱怨。

那个著名的苹果为什么不是掉在你的头上？那只藏着“老子珠”的巨贝怎么就产在巴拉旺而不是在你常去游泳的海湾？拿破仑偏能碰上约瑟芬，而英俊高大的你为何总没有人垂青？

于是上帝准备成全你，先是照样给你掉下一个苹果，而且也正好砸在你的头上。结果你对天骂了一句脏话，然后一脚把那个砸了你的苹果踢到路边的草丛里。

上帝决定换一个方法，在你闲逛时将硕大无朋的卡里南钻石偷偷放在你的脚边，怕你不能发现，专门将你绊倒。可你爬起后，怒气冲天地将它抓起来扔进了远处的深沟。

最后上帝干脆就让你做了拿破仑，不过上帝没有偏爱，依然像当年对待他一样，先让你在学校受尽欺凌，然后将你抓进监狱，撤掉将军官职，赶出军队，然后将你身无分文地抛在塞纳河边。

就在上帝催促约瑟芬驾着马车匆匆赶到河边救你时，远远地听到“扑通”一声，你忍无可忍地投河了。

唉！上帝只好让你回到原来的样子。于是你继续唉声叹气，继续不停地感叹、抱怨。这就是你的一生。你错过的仅仅是机会吗？

机遇落在每个人身上，有的人赶快伸出手，有的人只懒懒地抖一下肩膀。

上帝给每只鸟都赐予食物，但他绝不会投入鸟巢。

自行车奇缘

詹妮太想要一辆自行车了，每天步行到学校去的路上，总会禁不住想到它。父亲是一位牧师，家里没有多少钱，她得到自行车的唯一办法就是自己挣钱去买。于是，她到处打工，帮人照顾小孩，替人剪草、耙树叶。她把辛苦攒下的钱藏在小猪攒钱罐里，向上帝祈祷着早点有足够的钱，好早日实现梦想。

一天，老师告诉他们说，学校收到一封来信，信里说，智利有一个小男孩，他的父母是美国派到那里的神职人员，他们在那里工作。小男孩不幸得了肝炎，他们说，他的病情已经稳定，正在康复之中。但是，他的情绪非常低落。“你们能不能想一个办法让他高兴起来?”老师问大家。

“一辆新自行车!”全班同学异口同声地说。于是同学们决定为他捐献一辆新自行车。

整个一星期，詹妮都在痛苦地思考她该怎么办。最后，她终于倒空了小猪钱罐里的每一分钱，给了那个在智利的小男孩。而她自己，再也没有能够买一辆自行车。

后来，詹妮上了大学，面临着比祈祷一辆新自行车更难的事——她向上帝祈祷着找到一个好丈夫。她的所有朋友都有了自己心仪的人，可是她一直没有遇上。“上帝是不是还想要我再等待?”她经常这样想。

最后，詹妮遇到了一个名叫史蒂夫的年轻人。史蒂夫诚实、聪明、勤奋，他们俩有很多共同语言。但是，詹妮经常问自己，他真的是我要找的那一个吗？

有一次，史蒂夫邀请詹妮去见他的家人，饭后喝咖啡时，史蒂夫的母亲谈起他们曾工作和生活过的事情。“我们在智利的时候，”她说，“史蒂夫得了肝炎，你们知道是什么让他重新振作起来的吗？”

这一刻，詹妮浑身一震，她觉得生命竟然如此神奇。正像她猜测的那样，史蒂夫的母亲说，他得到了一辆崭新的自行车！是的，一辆满载着远方小朋友关爱的自行车——詹妮希望拥有的自行车。

詹妮失去了一辆自行车，却得到了一个好丈夫，一个迄今为止已经和她一起走过了29年风雨之路的好丈夫。

爱不是简单的请求或者应允，而是一个承诺、一份坚守。

你好心奉献出去的爱意，有一天还会回来，只是它已经不是原来的那个，而是比那个更好、更神奇。

命运的恩人

有一个面包店老板，辛勤工作到 50 多岁，决定回加州安度晚年。他以 10 万元的代价将面包店转卖之后，就迫不及待地朝加州飞去。

可是，飞机到内华达州上空时，引擎出现了故障，机长宣布："我们将暂时在拉斯维加斯着陆修理。除了赌博之外，旅客的其他一切费用都由机组承担。"

乘客们似乎并不在乎这次意外的滞留，办理好酒店入住手续后，都高兴地到赌场去了。

于是，面包店老板也带着钞票去试试运气。

啊！怎么一回事？大钞渐渐少了，很快一张也不剩了。当回过神时，10 万美元已经输光！

可怜的面包店老板踉踉跄跄地往厕所走去。厕所是收费的，投进两枚硬币，门才会自动打开。可是，他摸遍了全身，竟然连一枚硬币都没有了。

一个好心人走过来，看出了他的尴尬，于是把两枚硬币塞进了他手里。

"真谢谢你！"面包店老板说，"在今天以前，我从没有向人借过一分钱。只要我一有了钱，就会马上还给你。"说完，面包店老板强迫那个好心人写下了名字和住址。

这时候，厕所里的人走了出来，他忘记了关门。于是，面包店老板没有使用他的硬币。

回到大厅，他发现两枚硬币可以玩一下老虎机，就走过去把钱投了进去。

你猜，发生了什么事？他竟中了大奖！拉斯维加斯空前的幸运降临在这个面包店老板身上了。当飞机起飞的时候，他已有了 15 万美元！

于是，他似乎爱上了赌博，回到加州之后，他很快又把 5 万美元赌掉了。他突然觉悟到，自己并不适合过悠闲的生活，因为这种生活会让他堕落。于是，他很快拿着剩下的 10 万美元，赎回自己的面包店，继续经营面包生意。

他的店很快又兴隆起来，没几年，他就变成了百万富翁。

有一天，面包店老板把自己在拉斯维加斯的经历说给店员听，他万分感慨地说："我目前建立的所有事业，都是拜那个好心人所赐。我一定要找到他！"

店员问道："他不是把名字和地址都给您了吗？"

"我要找的不光是那个好心人，还有那个没关厕所门就离开了的那位！"

有时候，改变我们命运的并不是那个刻意帮助我们的人，而是和我们无意相遇又交臂而过的那个人。但是，无论如何，我们更应该感谢那个刻意帮助我们的人。

所有让我们流连忘返的东西，都可能成为生活的陷阱；所有非分的享乐，都需要支付高额的代价。

怎样改变世界

弗兰克·梅菲尔德博士正在参观历史悠久的蒂克斯伯里克福利院，临出门时他不小心撞上了一个年老的清洁女工。

为了掩饰尴尬，博士随口问道：“您在这儿工作多久了?”

女工回答：“福利院一创办我就来了。”

“哦?那您能给我讲讲这儿的历史吗?”博士问。

“我不会讲什么，倒是可以带您到处看一看。”

清洁工说着把博士领到了这座古老建筑物的最底层——阴暗潮湿的地下室。那里有数间囚笼似的小房子，上面的铁栅早已锈迹斑斑。

女工指着其中一间说：“这是他们过去关安妮的地方。”

“安妮是谁?”博士问。

“安妮是个小姑娘，因为无可救药才被关到这儿的。她又抓又咬又叫，还拿食物砸人，医生和护士甚至无法给她做检查。当时的我只比她年轻几岁，我常想——要是换成我，也一定憎恨被关在这样的笼子里。我想帮她，却不知该怎么做。试想，如果医生、护士都无能为力，像我这样一个人能做什么呢?

“我想不出别的办法，只有给她做点儿好吃的表表心意。那天晚上，我烤了一些巧克力果仁小蛋糕，第二天带着它们小心翼翼地走到安妮的笼子前，说，‘安妮，我特意为你烤了些蛋糕，就放在地上了，你要是愿意就来吃吧。’说完，我赶紧快步走开了，怕她会拿蛋糕砸我。可是她没有。恰恰相反，她津津有味地吃了起来。从那以后，她对我比对其他人温和一些。有空我就和她说说话，有一次我竟然让她开怀大笑了。一个护士注意到这些并汇报给医生。他们问我是否愿意帮他们一起治疗安妮，我说如果能帮上忙，我当然愿意。后来，每次他们想给安妮治病或做诊断时，我都会先钻进笼子里，握着她的手解释、安慰，让她平静下来。结果他们这才发现，原来安妮竟是几乎完全失明的盲人!”

安妮在福利院治疗了一年——对她来说那是段相当艰难的日子——后来珀金斯盲人学院向她敞开了大门，她得以继续学业并最终成为一名教师。若干年后，安妮故地重游福利院时，询问院长有什么她能帮上忙的。院长起初没说什么，后来猛地想起一封刚刚收到的信。

一个男人写信谈及自己的女儿，她非常难以管教——简直像只小野兽。她又聋又瞎，甚至还有些精神错乱。做父亲的已无计可施，又不忍心送她进疯人院，于是写信求助。

就这样，安妮·沙利文成了后来闻名世界的海伦·凯勒的终生良伴。

当海伦·凯勒接受诺贝尔奖提名时，被问及谁对她的人生影响最大，她回答：“安妮·沙利文。”

安妮却说：“不，海伦。对你我的人生都影响最大的人，是蒂克斯伯里克福利院的一名清洁女工!”

当一个人扪心自问“像我这样的人能做些什么”时，历史就会因之改变。

每个人都能改变世界。不要总是问：世界为我做了什么？而是要经常想：我为世界做了什么？

把握贫穷

在埃塞俄比亚阿鲁西高原上的一个小村庄里，有一个小男孩每天腋下夹着课本，赤脚跑步上学和回家。他家离学校足足有10公里远的路程。

每天小男孩都一路奔跑，与他相伴的除了清晨凉凉的朝露和高原绚丽的阳光，还有耳旁呼啸而过的风声。放学之后，为了多帮父母干些农活儿，他又光着脚奔跑回家。

有时候，他真的不想再跑了，不想去上学。但是，最终他战胜了自己，那种懈怠的念头只存在了一瞬间，然后，他又重新燃起了激情。寒来暑往，他练就了一双矫健的“飞毛腿”。

16岁时，他被国家著名田径教练科斯特选中，来到首都亚的斯亚贝巴接受训练。他18岁进入国家队，19岁参加1992年世界青年田径锦标赛，一举夺得男子5000米和1万米跑双项冠军。1993年，他在德国斯图加特举行的第四届世界田径锦标赛上又夺得了1万米跑冠军。此后，他在一系列的国际田径大赛中连续夺冠，曾多次打破世界纪录并夺得第二十六届亚特兰大和第二十七届悉尼奥运会1万米金牌。

他就是海尔·格布雷西拉西耶，世界闻名的田坛“飞人”，埃塞俄比亚家喻户晓的民族英雄。

如果不是贫穷，或许成就不了今天的世界冠军。

是的，我们谁都不希望贫穷，我们谁都希望过上幸福的生活。可当我们别无选择地遭遇贫穷时，我们要学会把握贫穷给我们的力量，就像格布雷西拉西耶。

知足

幸福人生的厚礼

HARVARD FAMILY INSTRUCTION

限额本有定数

1925年，美国科学家麦克做了一个实验：将一群刚断奶的幼鼠一分为二，单独喂养。

第一组享受“优惠待遇”，予以充足的食物，使其饱食终日。第二组享受“歧视待遇”，只提供相当于第一组60%的食物，以饿其体肤。

结果第一组老鼠难逾千日，未到中年就英年早逝；第二组饿鼠却寿命翻番，而且皮毛光滑、行动敏捷。更耐人寻味的是，其免疫力和其他身体功能均比第一组老鼠更强。

后来，科学家们又在苍蝇、鱼等生物身上做了相似的实验，结果和老鼠的实验惊人相似。

通过不断的试验和归纳，科学家最后得出这样的结论：动物终其一生所消耗的物质能量有一个固定的限额，限额一旦用完，就意味着生命永久停止。消耗得多，限额就完成得早；消耗得少，限额耗尽的时间就会延迟。

有贪婪心的人总希望得到更多，他们不知满足，结果命运会让他们失去更多、更快。

固定限额，这是上帝的法则，也是自然的法则。万物皆有所取，然而，超出生存之必需，超出固定之限量，过多地占有、过分地掠夺，就违背了大自然的意愿，上帝必以万能之手遏制之、剥夺之。

他，还活着

米尔本太太是英国乡下的一位家庭主妇。第二次世界大战期间，她的儿子艾伦入伍到前线参战，她和丈夫杰克留在家里，过着战乱岁月普通老百姓的生活，苦苦等候儿子平安归来。

米尔本太太从儿子入伍的那天开始写日记，天天写，写到战争结束的那一天。她的日记后来被编成一本374页的书，书名叫《米尔本太太日记：一九三九年至一九四五年——一位英国妇女的日思录》。

有一次，艾伦好久没有音讯，前方传来的消息说，他所在的那支部队被德军歼灭了。米尔本太太非常痛苦，尽管他们总是在祷告，希望儿子能够活着，但是，说实话，她跟丈夫杰克仍然不敢有一丝奢望。

直到有一天——她的日记这样写道：

大约5点30分，我拖着沉重的步伐带着小狗到田野散步。走了好一段路，突然听到杰克叫我，回头看到他站在老远的树篱前向我招手。

“不会是关于艾伦的电报吧!”我简直不敢往下想，很快就跟杰克在田野中间会合。

“国防部来电话说，他们收到一份电报，艾伦现在是德军的战俘。”

“谢谢国王呀！”我们紧紧抱在一起，欣喜之情不可名状。

他到底还活着，活着……

当我们经历了生活的各种苦难，经历了痛苦的生离死别，我们才会意识到：活着，就是人生最美的愿望！

当我们埋怨生活的不公，当我们遇见无端的挫败，当我们渴求名利而不得……坐下来，慢慢剥去一切欲望的外壳，然后反观自己，你会看到一个最振奋人心的事实：你还活着！

活着，就是生活的最高奖赏；活着，就是人生的最大财富；活着，就是人首要的成功！

恩赐

一天早晨，斯利醒来后，又回忆起往日的梦境。

“我真是太不幸了。”斯利对他最要好的朋友说。“为什么?”朋友问。“因为我的妻子和梦想中的不一样。”

“你的妻子既漂亮又贤惠，”他的朋友说，“她创作了动人的绘画并能烹制美味的菜肴。”但斯利对此却不以为然。

“我真是太伤心了。”有一天斯利对妻子说。“为什么?”妻子问。“我曾梦想住在一所有门廊和花园的大房里，但是现在却住进了 47 层高的公寓。”

“可我们的房间不是很舒适吗？而且还能看见大海，”妻子说，“我们生活在爱情与欢乐中，而且我们还有 3 个漂亮的孩子。”但斯利却听不进去。

“我实在是太悲伤了。”斯利对他的医生说。“为什么?”医生问。“我曾梦想成为一名伟大的探险家，但现在却成了一名秃顶的商人，而且膝盖还落下了残疾。”

“你只是膝盖有点儿小毛病，如果你愿意，仍然可以周游世界，仍然可以成为探险家。”可斯利对此却无动于衷。医生给他开了一些药，看着他悻悻地回了家。

“我的确是太不幸了。”斯利对他的牧师说。“为什么?”牧师问。因为我曾梦想有 3 个儿子，可我却有了 3 个女儿。”

“但你的女儿聪明又漂亮。”牧师说。可斯利却听不进去，极度的悲伤终于使斯利病倒了。

一天夜里，斯利梦见自己对上帝说："小的时候，你曾答应满足我的所有要求，可你为什么没有把那些赐予我？"

"我能够赐给你，"上帝说，"不过，我想用那些你没有梦见的东西而使你惊奇。我已经赐予你一个美丽而善良的妻子、一个体面的职业、一个好的住所及 3 个可爱的女儿。这些的确都是最美好的……"

"可是，"斯利打断了上帝的话，"你并没把我真正想要得到的赐给我。"

"但我想，你会把我真正希望得到的给予我。"上帝说。

"你需要什么？"斯利从未想过上帝要得到什么。

"我要你愉快地接受我的恩赐。"

斯利接受了上帝的建议。他的身体康复了，幸福地生活在位于 47 层的家中。斯利喜欢孩子们的美妙声音，喜欢妻子那深棕色的眼睛与精美的花鸟画。从此，他的生活充满了阳光。

不满足的人，即使住在王宫，还会觉得不够富贵；即使捧着金碗，还要指责饭菜不好；即使浑身佩戴宝石，还是会埋怨宝石太重……

我们拥有的，就是最好的。去渴望那些没有的东西，不如好好珍惜现在拥有的一切。

你只有一个胃

自2000年开始，每年的6月24日，“股神”巴菲特都会应邀吃上一顿特别的午餐。这顿午餐不是股神自己出钱，而是通过公开竞拍，由出价最高的人埋单，这个竞拍胜出的人可以和“股神”共进午餐。这笔钱不是落入股神的腰包，也不是一顿饭吃光，而是为格莱德基金会募款，主要为穷人和无家可归者提供食物和医疗帮助。

多年来，“巴菲特午餐”已成为史密斯·沃伦斯凯牛排馆最荣盛的大事，这家位于纽约曼哈顿第49街的餐馆，因此而声名远扬。

这顿午餐的起拍价是2.5万美元，但最高竞价可达到数百万美元！这一强烈吸引眼球的盛事，每次都会引来全球众多媒体的争相报道。每次午餐结束后，都会评出一篇最佳新闻，届时，巴菲特本人将亲自为获胜者颁奖。

在历次的众多获奖作品中，有一篇最受“股神”好评。这篇脱颖而出的报道篇幅不足200字，作者名叫艾格伊，供职于曼哈顿一家地方小报。这篇报道只字未提巴菲特，而是把目标对准了一名流浪汉：

史密斯·沃伦斯凯牛排馆被围了个水泄不通，我实在挤不进去了。正准备打退堂鼓，忽然看到一名流浪汉，他衣衫褴褛，却怡然自得。此时，他正在牛排馆外的垃圾桶里翻拣食物。突然他一阵欣喜，显然，他发现了“战利品”！大快朵颐之后，他抚摩着鼓囊囊的肚子，自言自语地说：“过期的三明治和沙拉酱，照样能把肚子填饱……”

巴菲特说，是文章的最后一句话打动了他。接下来，他把一只纯金奖杯颁给了艾格伊。回家途中，艾格伊发现奖杯底下有这么几行字：“对于一个人来说，生理需求是非常容易满足的，而永远都填不满的，则是无边的贪欲。其实，人生在世，所需无多。因为，你只有一个胃。”

夫人，你怎么能说我懒呢？那可真是冤枉我了。你看，这不是我把酒瓶盖打开的吗？

人们疯狂追逐金黄色的黄金，却随意抛弃金黄色的小麦、玉米和稻谷；人们疯狂追逐五颜六色的钞票，却忽视五颜六色的生活。我们只有一个胃，却要去贪求100个胃都消化不了的食物——是什么让人类变得如此愚蠢？

网坛名将的回答

美国网坛名将阿瑟·阿什，不仅是一名网球运动员，更是一名反种族歧视者和人道主义者。1975年成为“温布尔顿网球锦标赛冠军”，是第一位夺得网球大满贯男单冠军的黑人选手。

正当阿瑟的职业生涯步入鼎盛之时，他却被诊断出患有心脏病，因此不得不退出网坛。此后他不断为争取黑人权利而积极奔走，他的行动鼓舞了无数人。1985年，他入选网球名人堂。

1988年，另一个不幸降临——阿瑟·阿什被确诊：因5年前的心脏手术输血而感染艾滋病。1993年2月6日，阿瑟逝世，他离开了家人，离开了网球以及这个他热爱的世界，美国为他举行了国葬。1997年，在阿瑟去世4年后，新建成的美国网球中心以阿瑟·阿什的名字命名，他的传奇人生被永远载入史册。

在他患病的最后日子，来自世界各地的球迷纷纷写信问候，他们传递的一个主要信息就是：“上帝为什么要将这种可怕的疾病降在你的身上?”

阿瑟无比感动，但他的回答淡定而理智：“全世界有5000万人接触网球，有500万人学习打网球，有50万人进行专业训练，有5万人参加巡回比赛，有5000人来温布尔顿，有50人进入正式比赛，只有4个人进入半决赛，仅有2人进入决赛……在最后捧杯的那一刻，我从来没有问过上帝：为什么胜利的会是我？所以，关于心脏病和艾滋病，我也不会问他为什么。”

这就是阿瑟·阿什。显然，他的成功和伟大，都不是偶然。

接受过荣耀的手，也应该宁静地接受痛苦，这就是阿瑟·阿什的人生信条。所以，面对不幸，他像对待幸运一样感激不尽。

一个人不可能占尽所有风光，拥有的时候要倍加珍惜，失去的时候，理当坦然面对。

低处的温暖

2009 年的 8 月 31 日，是英国前王妃戴安娜 12 周年忌日。马格丽丝，一个普通的英国女子，决定和丈夫、儿子一起驱车赶往戴安娜的墓地祭奠。

1978 年，17 岁的戴安娜中学毕业后做起了小保姆——为汉普郡的一个律师照看 2 岁的女儿。在这里，戴安娜遇见了在另一个家庭做保姆的马格丽丝，并且和她成了好朋友。

马格丽丝和戴安娜同岁，是一个贫民家庭的小女儿。只要是晴好的天气，两人便会带上各自照顾的孩子在街心花园碰面，她们有许多共同话题。

马格丽丝悄悄告诉戴安娜，她正在和一个酷爱开车的男孩儿恋爱。男孩儿家境一般，但是他会吹口哨，还会采好吃的野莓给她。马格丽丝幸福地说，等赚到足够举办婚礼的钱，他们就马上结婚。

一年之后，戴安娜去一所幼儿园做生活老师，离开了马格丽丝。后来，她遇到查尔斯王子，上演了灰姑娘的故事，成为所有女人艳羡的对象。

马格丽丝的生活并没有多大的改变，她和男友结了婚，在乡下安了家。她开了一间洗衣房，她的丈夫跑运输。一年后，他们的孩子出生，开始了一家三口的平凡人生。

闲暇时，马格丽丝也会回忆起和戴安娜相处的时光。但是，她只能在报纸、杂志、电视上看到风光绚丽的戴安娜——出席宴会、接见外宾、观光度假。丈夫有时会调侃玛格丽丝："跟我这个穷光蛋在一起，你不羡慕她吗？什么时候我们去拜访一下你的这位老友，让她给咱们弄个好一点儿的差事？"马格丽丝总是若有所思地摇头："没啥好羡慕的，你没看出她不快乐吗？"

1992年，戴安娜和查尔斯正式分居。1996年，双方解除婚约。马格丽丝经常伤感地问丈夫："要是戴安娜当初没有嫁入皇室，她现在会过怎样的生活呢？"丈夫不无调侃地说："当然是跟你一样，陪着一个糙男人，生一窝孩子，天天忙着洗衣做饭。"马格丽丝撇撇嘴："那也不错啊，总比她现在这样凄凉孤寂好得多。"这是她的真心话，每当电视上出现戴安娜强颜欢笑出席各种宴会时，她不正和丈夫、儿子吃着晚饭，享受着人生最朴实的幸福吗？

马格丽丝没有想到，昔日的女伴会在1997年8月死于非命。惊闻噩耗，她失声痛哭。

这两个昔日的好友，因为一些连她们自己都不知道的偶然，走进了两种完全不同的生活，结果拥有了截然相反的命运。

既然每一种人生都有悲有喜，有苦有乐，我们何必挑剔，何必过分拣选？好好过着的人生就是最好的人生。

沙皇和衬衫

沙皇病了，他说："谁能治好我的病，我就把一半国家分给他。"

所有的贤明之士都来了，研究怎样治好沙皇的病。谁也想不出什么办法。只有一个聪明人说，他能治好沙皇的病。他说："如果能找到一个幸福的人，把他身上的衬衫脱下来给沙皇穿上，沙皇的病就能好。"

沙皇派人到全国各地去找幸福的人，连皇太子也出动了。但是，找了很久，也找不到一个。没有人对一切都满意，有的人很富有，但是病魔缠身；有的人身体健康，但是很穷；有的人身体健康，而且有钱，但是妻子不贤惠；有的人妻子贤惠，孩子却不肖——总之，所有的人都在抱怨。

一天晚上，天很晚了，皇太子走过一所小木房，听见有人说："谢天谢地，活儿干完了，饭也吃饱了，现在躺下睡觉吧！我还需要什么？"

皇太子大喜，下令派人去把这人身上的衬衫脱下来。他要多少钱，就给他多少钱。

差官来到幸福的人家里，想把他身上的衬衫脱下来送给沙皇。但是，幸福的人穷得身上连件衬衫也没有，他每天都是光着膀子干活的。

皇帝住在宫殿，穿着绫罗绸缎，却不开心。穷人住在小木房，赤裸着身体，却唱着歌。幸福的人连一件衬衫都没有，痛苦的人披金戴银，却需要凭借一件破衣服得到幸福……这是一个多么令人深思的寓言！

哲学家说：幸福是能力和欲望的平衡。能力总是有限的，而欲望却不明白这一点。

“聋子”卡罗琳

卡罗琳是一家心理网站聊天室的主持人。每天，她都要面对许多倾诉者，其中大多是青少年和家庭妇女。他们多数心理比较脆弱，也最需要有人帮助他们排解心中的郁闷。卡罗琳总是耐心地劝解并引导他们走出心理误区。很快，不但卡罗琳声名鹊起，就连她就职的那家网站也很受网友欢迎。

尼科尔是休斯敦一家报社的记者，得知卡罗琳的事迹后，他决定去采访她。见到卡罗琳时，她正在网上和一位叫丽莎的女士聊天。

丽莎向卡罗琳抱怨道：“您不知道，我最近真是烦透了。我的丈夫老是带朋友回家来喝酒，而我的儿子则迷上了摇滚乐，家里整天吵吵闹闹。更可怕的是，我家左边的邻居养了很多鸟，这些可恶的鸟，每天天不亮就叽叽喳喳地叫起来，吵得人心神不宁；而到了傍晚，右边的邻居家那台噪声很大的割草机又会冷不防地响起来。我每天都被这些噪声包围着，如果再这样下去，我肯定要发疯的……”

卡罗琳回复道：“丽莎太太，您之所以被那些噪声包围，完全是因为您有一双听力很好的耳朵，所以我要恭喜您。如果我有一双您这样的耳朵，那该多好啊！我可以将丈夫跟朋友喝酒制造的噪声当成生命的摇滚，把儿子播放的强劲音乐当成青春的合奏，把割草机和鸟叫的声音当成春天的笑语……可惜，我在 3 年前就失去了听觉，再也听不到任何声音了。”

丽莎沉默了好一会儿才说："啊，您真是太不幸了，这么说来，我比您可幸福多了。"

这时，一直在看卡罗琳和丽莎女士网上聊天的尼科尔则很不解："您的耳朵不是好好的吗?"卡罗琳笑着说："只要那位女士从此快乐起来，我当一回聋子又有什么关系呢?"

尼科尔终于明白，卡罗琳为何如此受网友欢迎了。

熙熙攘攘的人群，在有的人眼里就像是蝗虫和蚂蚁。可是，在有的人眼里，却是一个个欢快跳动的音符。

只有聋子的世界没有噪声，只有盲人的眼前没有垃圾。有时候会听见噪声，但是，更多时候我们听见了鸟语，听见了欢笑，听见了朋友的赞美；有时候会看见垃圾，但更多时候，我们看见的是鲜花，是阳光，是蓝天白云，是青春的身影。

总统罗斯福家中被盗，朋友频至安慰，罗斯福笑答："感谢上帝，我很开心。小偷偷去的是财物，而非我生命；小偷偷去的只是一部分，而非全部；最重要的是，小偷是他，而非我。"

学会满足

一位旅行家走在彼得堡街头，一位衣衫褴褛的流浪汉向他伸出了脏污的手。旅行家搜遍全身，也没有找出可以施舍的东西，于是他握住那只手，诚恳地说："兄弟，我真的很抱歉。"不料，流浪汉面带笑容地答道："谢谢，这已经足够了。"

一位诗人漫游巴黎时，遇上一位乞丐。他的面前放着一个破碗，碗边上放着一块木板，上面写着："好心人，请给我一枚金币。"诗人有点儿感动，就慷慨地给了他两个。乞丐立即追上诗人，找回他一个，然后郑重地道了一声"谢谢"。

一位善良的青年每月从薪水中拿出200元周济一个穷人。后来，他结婚了，周济的数额改为100元。又过了一段时间，他有了小孩，只能给穷人20元。穷人很不高兴地说："这点儿钱哪里够用！"善良的青年很不好意思地说："因为我结婚生子了，所以没有那么多的钱给你了。"那个穷人竟然愤然地说："你怎么把我的钱拿去养家糊口呢？"

一位老人在自家门外的空地上竖起一块牌子，上面写着："此处将奉送给一无所缺、全然满足的人。"一名富有的商人骑马经过，心想："我是富有的人，完全符合他的条件。"于是，他叩门说明来意。

"你真的一无所缺、全然满足了吗？"老人问他。

"那当然，我拥有我所需要的一切。"

"果真如此，那你还要这块地做什么？"

仔细想一想，我们有多少人总是向生活乞讨享受、幸福、快乐与满足，乞讨健康、友情和爱情……当生活将我们索要的一切赐给我们的时候，我们却视之为理所当然，慢慢地失去感恩之心，于是又得寸进尺，把手伸给生活，固执地说：多给我一点，再多给我一点！这时的我们，不是连乞丐都不如吗？

知足，乞丐也不觉得缺少；不知足，富豪仍会感到不够。

亿万富翁的三个遗憾

美国宾夕法尼亚州亿万富翁乔治先生，生病久治不愈。临终前，他对聚在身边的亲友们艰难地伸出 3 个手指头。亲人们看到后，面面相觑，不知道乔治是什么意思.

只听见他气若游丝地说："我这一生……最遗憾的事情有三件……"

亲友们听了，都非常吃惊，心想，一个亿万富翁，有享受不尽地荣华富贵，过着无数人向往和渴慕的生活，怎么还有三件遗憾的事呢？亲友们赶紧弯下腰，俯身立在他的床前，想听清楚他要说的是哪 3 件遗憾的事。

只听见乔治喃喃地说道：我第一件遗憾的事，就是年轻时没有热烈地爱过一个人。从小我就想着将来出人头地，挣好多的钱，我像一个苦行僧，为了那个所谓的梦想，拼命地工作，拼命压抑着内心的情感。成年后，我虽然把生意越做越大，钱越挣越多，但我内心里一点儿也不快乐。每当我看到一些年轻人浓情相依时，我真的好羡慕他们，而我在他们那个年龄段，感情轨迹却是一道空白。

我第二件遗憾的事，就是没有充实地生活过。为了挣更多的钱，我每天四处忙碌、奔波、应酬，我有时竟会忘记了自己是谁。在那些事无巨细的奔忙中，我没有过一段真正属于自己的日子，脑海里想的只是金钱的积累、财产的升值。我没有纯粹地生活过一天，从未拥有过闲情逸致、云淡风轻的时光。

我第三件遗憾的事，就是没有学会放下那些不属于自己的东西。面对种种诱惑，我没能理智地、勇敢地舍弃，一直想把它们都抓到手，结果是心力交瘁、精神紧张。现在想起来，我真的很蠢。一个人如果没有学会放弃，他就会总想要得到、得到、再得到，永远没有满足。

乔治最后说道，虽然我挣了很多钱，可又有什么用？它们永远躺在银行的账本上，就是一串数字而已，我永远也享用不完，也不知道将来它们会为谁所有。

说到这里，乔治先生的眼眶里流下了两行苍凉的泪水。而他那无神的目光，慢慢在绝望中暗淡，然后如烛火一般熄灭了。

亿万富翁乔治先生临终前说出自己遗憾的“三件事”，最后刊登在美国《匹兹堡邮报》上。乔治的遗言刊登后，立刻在读者中引起了强烈反响。许多人深深地感到，自己虽然比不上乔治有钱，但比乔治过得充实、快乐，从这个意义上讲，自己也是一个富翁，一个名副其实的富翁。

我们花了很多时间攫取财富，却少有时间享受；我们有越来越大的房子，但越来越少住在家里；我们开发了很多新药，健康却不再；我们有很多食物，却无营养可言；我们可以到月球去，却发现拜访一下邻居都很困难；征服了外面的世界，对自己内心却一无所知；拥有盘古开天以来最多的物品，却失去了生活最简单的快乐。

这就是我们的生活——难道这就是我们梦寐以求的生活吗？

赌徒的结局

一个赌徒抱着试试运气的想法前往拉斯维加斯。一到旅馆，他便立刻坐在了赌桌前。

可是，他没什么手气，一下子就把钱输光了。口袋空空的他决定采用一种传统的解决问题的方法——自杀。

走出赌场，他来到最近的断崖。站在断崖上正准备跳下去时，忽然听到一个不可思议的声音响起："等等!"

"为什么?"他不由得叫了起来。

那个不可思议的声音说道："回到赌场去，找人借两块钱。然后到轮盘桌去，赌黑十。"

男人依言行事，果然赢了钱。

"这一次是红十二。"声音又响起，他又赢了。

一个小时里，他照着那个不可思议的声音赌钱，每次都赢。

现在，他已经赢了 2.5 万元了。

"就此打住!"不可思议的声音说，"不能再玩儿了。"

可是，男人不听，他把所有赢来的钱押在黑十一上，结果全输了。

"喂，我又破产了!"男人说，"现在我该怎么办?"

"从悬崖上跳下去!"不可思议的声音回答。

知道什么时候开始，也知道什么时候停止，才是真正的智者。

种子的愿望

在肥沃土壤的养育下，一粒种子从漫长的冬天一觉醒来。大地母亲问它：“小种子呀，你想成为什么？这一次，我允许你选择自己的命运。说吧，是想变成被人采食的蔬菜、水果，还是愿意成为百花丛中的一朵，供人流连赞美？”

“我希望自己是一株花儿，”种子不假思索地回答，“但一定要是长得最好看的那种。”

“好极了！”大地母亲温和地说，“你觉得玫瑰怎么样？”

“玫瑰确实十分漂亮，又有芬芳的气息，”种子琢磨着，“可是，它身上的刺会扎人的，这太煞风景了。花和刺可不能待在一块儿。”

“我知道最适合你的是什么了，”大地母亲忽然眼睛一亮，“你应该成为百合花。它没有刺，而且洁白典雅。怎么样？你会成为花中皇后。”

种子左思右想，过了许久才说：“百合是没有刺，可是它的色彩太单调了。我想成为最艳丽、最光彩夺目的花儿。”

“啊哈，”大地母亲似乎恍然大悟，“你的最佳选择应该是紫罗兰，它那么艳丽，那么引人注目。”

“不行，不行，”种子反对，“紫罗兰太矮小了。我要成为更高更大的花，让所有的花儿都仰视我才行。”

“这么说，你喜欢剑兰？它可是长得高高的，而且能开出美丽动人的花儿。”大地母亲这时哈欠连天了。

“可惜它的花不能同时绽放。”

种子又低头寻思了半天，忽然它想到了一个好主意：“我想……”可是，大地母亲呢？哦，她走了，因为还有其他种子在等着她呢！

第二天早晨醒来，让种子无比气恼的是，自己竟变成了一株狗尾巴草。

我们应该向艾琳娜学习，她总是那么开心。

她还很善良。她把羊鞭举得高高的，但从来都舍不得打我们。

不是要去做最好的那一个，而是要把那一个做成最好的，这才是生活的正确态度。

每一种花都有自己独特的美，珍爱自己，才会灿烂。

一片幸福的土地

国王每天都要接待许多的来访者。这一天，来了三个人，他们都希望国王赐给他们财富。

“你想要什么?”国王问第一个人。

“土地，我想要一大片土地，生生世世都用不完的土地。”他回答道。

“好，我给你一天时间，你的脚步所达之处，全都属于你。”

国王话音刚落，他便像闪电一样冲向一望无际的土地。他一直跑，直到生命的最后一刻，倒在他脚步刚刚抵达的地方。

国王问第二个人要什么。他说，我本来也想要一大片土地，但现在我只要一块能容纳自己身体的土地。

国王说，这不需要求我，你随便到哪儿都能找到这样的地方。

于是，他走了，从此什么也不做，整天悠闲地躺在草地或河边，晒太阳。

第三个人走到国王面前，虔诚地弯下身子：“我既不想像第一个人那样，累死在自己的追逐中，也不想像第二个人那样，整天无所事事。我想要一片能让我幸福的土地。”

国王微笑着说：“其实，幸福就在他们二人之间。”

于是，第三个人就在倒下的那个人与躺着的那个人之间，慢慢地耕作，慢慢地生活，慢慢地活到很老很老。

有限地获取，勤奋地劳作，真心地感激，这就是幸福。

死亡的名字

有三位年轻人在一个小镇上看到一支送葬的队伍。他们打听到死者原来是他们的两位朋友：一位叫“友谊”，一位叫“快乐”，他俩被一个外号叫“死亡”的人谋杀了。三位中一位年龄最小的人对他的两个朋友说：“这个外号叫‘死亡’的家伙到底是谁？咱们一起去找他，为咱们的朋友报仇！”

半路上，他们遇上了几位神色慌张的人，其中一位老太太告诉他们，“死亡”正在追赶他们，必须赶快逃走，否则便会被杀害，并劝其他人也一起逃走，如果遇上“死亡”便没命了。他们告诉老太太，他们就是来杀“死亡”的。在他们的再三要求下，老太太告诉他们，“死亡”就在村子后面山顶上的一棵老橡树下。

他们三人兴奋地向山顶走去，并拿出随身携带的尖刀，随时准备捕杀“死亡”。但出乎意料的是，当他们高度戒备地来到那棵老橡树下时，没有看到想象中面目狰狞的“死亡”，却发现一箱子金光闪闪的金币。他们马上丢下尖刀，欣喜若狂地数起金币来，把寻找“死亡”的事忘得一干二净。

那个领头的年轻人说：“我们必须守住这些金币，否则会被认为是偷来的而被投进监狱。这样吧，我们来抽签，谁的签最短，谁就去镇上买吃的，另外两人就留下来看守，明天我们就分了金币各奔东西。”最年轻的小伙子抽到了那支最短的签，他拿着几块金币到小镇上买吃的去了。

两个守金币的人各怀鬼胎，最后他俩想出一个共同的计划：等他们的朋友带着吃的回来时，把他杀掉，然后吃掉食物，再把本该分成三份的金币分成两份。

那个买吃的年轻人走进小镇时则想：如果在这些吃的食物里放进毒药，那么，那些金币就可以归我一人所有。于是，他先吃饱了，然后在食物和饮料里放进烈性毒药，并于当晚回到朋友身边。不料他刚回来，便被两个朋友杀害了。他们得意地吃着同伴买回的食物和饮料，几分钟后，他俩也中毒身亡。

他们怎么也没想到，他们也会像他们的朋友“友谊”“快乐”那样被“死亡”杀害。更想不到的是：杀害他们的“死亡”，其实是蕴藏在金币后面的贪婪。因为贪婪，无论是友谊、快乐，还是生命，都会走向死亡。

人知避灾祸，而不知戒贪心。殊不知，贪心才是最大的灾祸。

牧羊人的无价之宝

富有的人，会把很多钱存在银行，将很多珠宝藏在地下室，有很多田产散布四方。他们一辈子都看不见那些钱，一辈子都用不上那些珠宝，一辈子都收不完那些田地。但是，他们一辈子都要为这些东西担惊受怕、焦虑不安。

但是，很少有人像这个牧羊人那样勇敢放弃——直到被子孙败光，直到被他人掠走，直到自己无能为力后撒手放掉……

如果是不需要的，如果已经拥有，哪怕只是没有重量的"性格"，也断然拒绝——为什么要去获取一个多余的东西呢？

天使来到人间，见到一个牧羊人，问他要什么。

牧羊人说："让我增加100只羊吧。"

羊群增加了100只，牧羊人比过去更累了。

他找到天使，请他把羊收回去，为自己盖一所大房子。

牧羊人高兴地在大房子里住着，却发现到处是灰尘，怎么也打扫不过来。

于是，他用房子换了一匹马。

牧羊人骑在马背上，但不知要到什么地方去，就把马还给了天使。

天使问："你还要什么？"

牧羊人回答："什么也不要了。"

天使说："人从来都有很多愿望，你难道没有了吗？"

牧羊人回答："愿望实现之后，我才知道我不需要这些东西，它成了我的累赘。"

天使说："我送你一样无价之宝，那就是性格。你想拥有什么样的性格？"

牧羊人说："我已经有了这样的性格，那就是知足。"

“克拉美雪”咖啡馆

维也纳最早的几家咖啡馆中，最有名的是一家位于城堡巷的“克拉美雪”咖啡馆。它被看作“一个谜一样的地方”“一间拥有咖啡味儿的心灵阅览室”。咖啡馆的客人中大多数是作家、诗人、艺术家及大学教授，他们来此的目的就是想静静地阅读、思考，或者聊天。因此，这家咖啡馆还被誉为“有学识的咖啡馆”。

1771 年，米夏耶尔·赫托买下了“克拉美雪”的经营权后，这家咖啡馆更是美誉日隆。这座最多只能容纳 20 人的咖啡馆，被当时的人们形容为“洞窟”。外地游客漫游至此，一定会到“洞窟”一游，因为，这里没有推杯送盏的喧闹，也没有人高谈阔论。这里是一道宁静的风景，其中满溢着咖啡的浓香，还有看不见的思想者的气息。

1797 年，米夏耶尔·赫托去世，他的妻子将咖啡馆卖给了安东·李斯特。

李斯特怀着商业野心开始了自己的事业，他认为咖啡馆狭窄的空间、太少的座位、不佳的照明是阻碍咖啡馆进一步发展的因素。为了招徕更多客人，赚取更多利润，他准备将咖啡馆进行扩建。

但扩建申请被政府主管部门否决了，理由是，“克拉美雪”咖啡馆很久以来就是以现在特有的风格而闻名于海内外，它是唯一一家适合于有身份者休闲的咖啡馆，从未听过任何人抱怨这里的陈设、灯光或是楼梯。

直到1804年，李斯特的后继者——咖啡商布拉思·奇契曼终于取得扩建的准许。他如愿以偿地将咖啡馆扩展到隔壁建筑物的二楼，还引进了阳光和崭新的家具。

尽管耗时耗资巨大，结果却证明他这么做是极其愚蠢的。扩建后的咖啡馆失去了洞窟般的吸引力，而且不再是一家“适合有身份的人休闲的咖啡馆”，各色人等都来光顾，但咖啡馆赖以存在的最主要的顾客——维也纳的作家、诗人、艺术家和大学教授们再也不来了。

1866年，“克拉美雪”咖啡馆被拆除，从此，人们只能在一些作家的回忆录中才能找到它模糊的旧影。

当我们打算做一件事情的时候，我们应该首先反省一下自己：我们这样做的愿望是什么？这样的愿望是否符合神的愿望？

米夏耶尔·赫托和之前的经营者，他们的愿望是，让客人感到舒服。安东·李斯特和布拉思·奇契曼的愿望是，让自己赚更多的钱。

当我们确立一种愿望的时候，成败就已经注定，只是或速或迟而已。

理性

万物灵慧的升华

HARVARD FAMILY INSTRUCTION

如何选择

一群年轻的旅游者，徒步经过一座乡村火车站，那里景色优美，视野辽阔。于是，他们就坐在铁轨上，一边喝啤酒，一边聊天。

那个小站上有两条铁道，一条还在使用，一条已经废弃，上面锈迹斑斑。只有一个游客选择坐在废弃的铁轨上，其他人则全部坐在仍然使用的铁轨上，因为这条铁轨光滑干净。

很不巧，火车来了。如果你是扳道工人，在这千钧一发的时刻，你会把火车转向哪条铁道？

很多人毫不犹豫地选择把火车引转向废弃的铁道，因为在这条铁道上只有一个人，这样做可以挽救大多数人。在很多人的心目中，一条生命和多条生命的价值显然是不一样的。

但是，事情远没有那么简单。如果选择挽救多数人的话，就必须牺牲那名坐在废弃铁轨上的年轻人。但他显然是所有人中唯一做得正确的人——他离开众人独自坐在一个安全的地方，坐在一个不会妨碍交通的地方，而他的朋友们则恰好相反。

为什么做出正确选择的人要为了大多数犯错误的人而牺牲呢？为什么遵守规则的人要为违反规则的人承担责任？

如果这些人中，有一个是你至亲至爱的人，你的选择会不会因为他或她而改变？如果是这样，上面所考虑到的那些原则，还会不会对你的决定产生影响？

这是一个残忍的难题，但是，你必须选择！你将怎样选择？

此时此刻，无论你将火车引向哪条轨道，都无人能够干预；无论你内心有过怎样的挣扎，都不会有人知晓。

但是我们坚信，你当时以怎样的心操纵这列火车，上天也会以同样的心操纵你的人生。

一道篱笆和一座桥

从前，有兄弟两个，分别住在相邻的两个农场。

有一天，他们不知为了什么事情发生了争执，继而大打出手。在那之前，他们一直是一起耕作，互相借用机械设备，并且在需要的时候互相帮助，交换农产品，就是偶尔发生小争吵，也是很快就被化解了。像这样严重的冲突，在他们之间还是40年来的第一次。

接连几个星期，兄弟俩谁也不理谁。

一天早晨，有人敲响了哥哥汤姆家的房门，汤姆打开门，看到外面站着一个背木工箱的人。“我想找一些零活儿干，”他说，“也许，你这里会有一些适合我干的小活儿？”

“是的，”汤姆说，“我这里的确有一项活计适合你干。你看到小溪那边的那个农场了吗？那是我的邻居，确切地说，那是我弟弟的农场。不久前，夹在我们之间的还是一大片牧场，但是后来，他用推土机将牧场毁掉了。现在，横在我们之间的就剩下一条小溪。唔，他这样做也许是为了让我难堪，既然如此，我也该做点什么。你看到谷仓旁边的那堆木材了吗？我想让你为我建一道篱笆，一道至少8英尺高的篱笆——这样，我就再也不必看到他的农场和他家的房子了。”

听了汤姆的话，木匠说：“我明白了。给我一些钉子、铁丝和一台挖坑的挖掘机，我来替你干，保证让你满意。”

因为汤姆有事必须要到镇上去，他就先帮木匠把所需原料和工具准备齐全，然后，离开家去干自己的事情了。那一整天，木匠都在辛辛苦苦地工作——测量、锯木头、钉钉子……

到太阳快落山的时候，汤姆才回来，那时候，木匠已经完成了他的工作。

当走进自己的农场时，汤姆的眼睛睁得大大的，嘴巴也张得大大的——哪里有篱笆的影子？只有一座桥——一座从小溪的一边伸向另一边的小木桥。而汤姆的邻居，也就是他的弟弟，此时正从小溪的那一边向这边奔过来，一边走还一边向前伸出双手。

“虽然我说了那么多难听的话，还做了那么多过分的事，但是哥哥你竟然还修建这座桥，把我们连在一起，你真是我的好兄长。”兄弟俩从各自这边同时迈步向桥中间走去。他们相遇了，不约而同地握住了对方的手，然后紧紧地拥抱在一起。

良久，他们才转过身去看那个木匠。此时，木匠正在把他的木工箱往肩膀上扛。“不，请等一等！请在这儿再多待几天，我还有许多别的工作请你做。”汤姆说。

“我很想待在这儿，”木匠说，“可是，还有许多桥等着我去修建呢。”

一道篱笆使隔阂更深，一座桥梁让亲情更浓。

为人谋事，当为人谋和，为人谋福，为人谋德，而不应助纣为虐，为虎作伥。

屈从于情绪，可能会有短暂的快意，却将留下长久地遗憾。退一步，海阔天空——无论是爱恨情仇，还是生死恩怨。

总裁的便笺

他是20世纪初叱咤华尔街的金融投资家。他最成功的一个案例，是把当时牛气冲天的爱奇森公司股票抛掉，转而购买德拉瓦铁路公司股票——当时，这只股票业绩平平，几乎不为人所知。

“原因很简单，”他解释说，“我去拜访爱奇森公司总裁。这位总裁拿出资料给我看，说明公司经营多么好、财务多么健全。他抽出几张信纸，那是高级的亚麻纸，上面印有精美的花纹图案，这种纸价格昂贵。他写下几个数字，说明公司赚了多少钱，如何降低运营成本后，就把那张昂贵的信纸揉成了一团，扔进了纸篓。

“我当时就想：如果公司总裁是这样的人，很难想象他手下会有一支勤俭创业的团队。于是，我决定卖掉爱奇森股票。

“几天后，我去拜访德拉瓦铁路公司总裁。我走进办公室时，总裁正在拆信。他没有把信封随手丢进纸篓，而是从接缝处撕开。当我向他提出问题时，他随手就在这个信封的背面空白处写下一些相关的数字。与这位总裁分手后，我一分钟都没耽误，用全部资金买进德拉瓦铁路公司的股票。”

几个月之后，爱奇森公司陷入破产清算的困境，公司股票一泻千里；而德拉瓦铁路公司的股票却连翻几番，成为华尔街最受投资者喜爱的绩优股。

知人察事，需见微知著，预知于未萌之时；为人处世，应谨小慎微，着眼于细小之处。一张纸，可以照见一个人的心灵，可以折射一个人的未来。

小麻雀的决定

从前有 4 个好朋友，它们不约而同来到池塘边：老鼠最先到达，蜗牛跟在它后面，慢吞吞地爬过来，青蛙也蹦蹦跳跳地来了，最后到达的是小麻雀。它探出小尖嘴，问大家来这里做什么。其实它们什么也不想做，就是觉得很无聊。

突然青蛙想出了一个很刺激的主意：“咱们比一比，看谁最勇敢！”这下大家都来精神了，每个人都想出了一个对自己来说很难完成的任务：老鼠潜水游到了湖的对岸，青蛙吃下一朵荷花，蜗牛离开它的蜗牛壳……小麻雀呢，它没想好，大家建议它从火堆钻过去。

起初，每个人的决定都遭遇了彼此的嘲笑：青蛙觉得潜水没什么了不起的，蜗牛说它经常吃那些绿色植物，而小麻雀则说，它从出生的第一天起，就离开了它的蛋壳房子……但是它们都没有因此失去比赛的兴致。

青蛙吞下荷花以后，恶心得直翻白眼，因为此前它从来没吃过这玩意儿。其实，它很担心自己会被毒死，为了不让小伙伴们小看自己，它差不多是抱着视死如归的态度。

老鼠也不轻松，它原来在家里时，偶尔从房梁掉到水盆，那时候，它简直吓掉了魂。可是现在，为了表现它的勇敢，却专门挑选了游泳这件事。

蜗牛也是犹豫了很久才付诸行动的，说实话，从壳里走出来时，它痛的直咬牙，而且它非常担心猫或者狗过来吃掉了它。

最后是麻雀了，它想了好半天，直到老鼠游过了湖，青蛙吃完了荷花，蜗牛走了一圈回到壳里，它才做出自己的决定——小麻雀思来想去，最后宣布：我不参加！

一开始其他几个还有些摸不着头脑，直到过了好一阵，它们才明白过来。大家都非常高兴，它们为自己的勇气而欢呼。而小麻雀也让它们领悟到，能够坚持自己的决定，那是最需要勇气的事情。

是宠物像它的主人，还是主人像它的宠物？想靠近别人，你就得失掉一部分自己。

用无谓的冒险赢得赞赏，是愚蠢者的游戏。而生活中常常有这样的人，他们仅仅为了取乐，不惜做一件匪夷所思之事，结果引来无法预料的后果。

人，当有所为，有所不为。能有所为，令人赞赏；敢有所不为，更让人敬重。

奉承话

本杰明·富兰克林经常对人说起他童年的一件小事——

有一天清晨，我家门口来了一个男人，肩扛一把大斧。他满脸胡须，一见到我，便和气地说："你好啊，小伙子，请问你家有磨刀石吗？"

"有啊，先生。"我据实回答了他。

"你真是个好小伙子，"他又说，"我可以借你家的磨刀石磨磨斧头吗？"

"当然行呀。"听了他的客气话，我爽快地答应了。

他摸摸我的头，又问："你多大了？叫什么名字？我知道，你准是个好孩子！你肯帮我把斧头磨上几分钟吗？"

听了他的奉承话，我高兴极了，便使劲儿地帮他磨起斧头来。他的斧头又锈又钝，而我却磨得十分卖力。手磨酸了，上学的时间也快到了，但斧头却才磨好一半。

等到斧头磨好，我上学的时间早就过了。这个男人突然粗暴地对我说："喂，你这个懒虫，看看太阳吧，难道想逃学吗？还不快跑！你手脚不能快点吗！"

当时，我真是气极了，我为他干了一早晨的力气活儿，得到的报酬，竟是挨他一顿臭骂。

富兰克林说："这件小事，我一直都未忘却，直到现在，当我听到别人的恭维，就会想起当年这个扛斧头的男人，想起他的那番奉承话。"

很多人扛得住冷嘲热讽，却抵不住甜言蜜语。格外的殷勤背后，一定是有所央求或有所图谋。任何事情都有发生的前提和理由，即使对你的好，也一定有你所不知道的动机。

无缘无故的疏远不必在意，无缘无故的亲近却要提防。

百年遗嘱

19 世纪末，美国密歇根州有一个小铁匠，名字叫威灵顿·波特。威灵顿刻苦努力，经过多年奋斗，他有了自己的伐木公司、铁矿公司和运输船队，到了 20 世纪初，他已成为亿万富翁。

威灵顿共有 6 个子女和 7 个孙辈，随着年岁渐渐增大，他感到自己管理这份庞大家业已经力不从心，就想从儿孙中物色一人，接替自己的工作。

但是，因为仗着家里有钱，儿孙们什么事都干不好，他小心试用了几个，最终都一事无成。威灵顿想，如果将这份家业留给他们，要不了多久就会被全部败光。

经过长时间的思考，威灵顿将所有的资产变现，共计 1.1 亿美元。他将这笔巨款全交给律师保管，并在遗嘱中明确规定：自己死后，除了给每位儿孙留下 1 万美元的生活费和创业基金外，其他所有财产全部“冻结”起来，直到 100 年后，他的晚辈们才能继承。

1911 年 5 月，威灵顿去世。当律师在儿孙面前宣读了老人的遗嘱后，他们全都傻了眼，一个个呆若木鸡，原本想坐拥巨额财富的愿望全部落空。

一晃几十年过去了，威灵顿的曾孙辈们一个个出生了。他们长大成人，很快又有了后代。在平凡的生活中，他们养成了勤奋上进的品性，过着简单朴素的生活。通过努力，他们在各自的事业中都取得了优秀的成就。威灵顿的 15 个曾孙中，有 9

个成了亿万富翁，其他 6 个有的做了医生，有的成了科学家，有的当了律师。

2011 年 5 月，威灵顿去世 100 周年。一天，负责处理威灵顿遗嘱的律师事务所派人找到了他的后代，告诉他们，根据威灵顿先生的遗嘱，现在，他们可以继承他的遗产了。律师告诉他们，威灵顿先生当时留下的遗产是 1.1 亿美元，但 100 年过去了，这笔巨款所产生的利息远远超过了本金，已达到 5 亿美元。

听到这个消息，大家都感到非常震惊，而且感慨万千。他们觉得，当年祖爷爷如果把这笔遗产分掉了，说不定早就被他们的爷辈们挥霍一光了。从这个意义上说，祖爷爷留给他们的是一笔宝贵精神财富，这笔财富会让他们世代受益。

曾孙们经过商量，最后一致决定，将这 5 亿美元以威灵顿的名义设立一个基金，专门用来帮助社会上那些自我创业的年轻人，让威灵顿勤奋创业的精神永远传下去。

这份百年遗嘱，终于有了一个圆满结局。

对于有为的子女，他们自己就可以创造财富，何需父辈馈赠？如果子女不思进取，金钱只会加速堕落，又何必留下遗产贻害后人？用钱比赚钱更需要深思熟虑。

爱不只是一种情感，它更应该是一种智慧。

车祸发生之后

一个男人和一个女人不幸发生了车祸。他们的车都完全撞坏了，但令人惊讶的是，他们两个人谁也没受伤。

当他们两个人从车里慢慢爬出来时，那个女人说："你是一个男人，而我是一个女人，太有意思了。看看我们的车，它们全毁了。但万幸的是我们却没有受伤。这一定是上帝传达给我们的一个征兆，我们应当相遇相识，成为朋友，并且在我们的有生之年，能和睦地生活在一起。"

那个男人回答说："我完全同意你的话，那一定是上帝的旨意。"

那个女人又说："看，那又是一个奇迹。我的汽车已完全毁坏了，但那瓶红酒却没有破碎，一定是上帝让我们把酒庆祝我们的好运。"

那个男人连忙回答说："是，上帝一定是这样想的。"

于是，那个女人把酒瓶交给了那个男人。那个男人点头同意，并打开了酒瓶，喝了半瓶后把酒瓶递给了那个女人。

但那个女人又交回给那个男人。

这个男人问道："难道你不想喝上几口？你还有其他的事情吗?"

那个女人回答说："没有什么其他事，我想，我们只剩下等警察来了……"

当你为意外的好运而意外惊喜的时候，可能就是意料之外的坏运来临的时候。

世界上差点儿没有奥巴马

奥巴马的爸爸是非洲黑人，属于肯尼亚卢奥部落。1959 年，23 岁的奥爸爸就读于美国夏威夷大学。一天，他和朋友在怀基基海滩的一家酒吧聚会，其间，一位坐在奥爸爸邻桌的白人突然大声对服务员说："我不能忍受坐在黑鬼身边！"

酒吧里顿时寂静，所有人都看着酒吧里唯一的黑人——奥巴马的爸爸。

奥爸爸走到那个白人身边，告诉他什么是人权，什么是平等，除了"我这个黑人将来说不定是美国总统的爸爸"外，什么话都说了。

那白人竟然被奥巴马的爸爸说服了，对于自己刚才的举动感到羞愧。他从钱包里拿出 100 美元，送给奥巴马的爸爸，作为道歉和赔偿。

奥巴马的爸爸接受了 100 美元，除了用它支付当晚的餐费外，剩余的部分用于支付那个月的房租。

很多年后，一位日裔美国人给奥巴马打电话，证实了此事的真实性，他当时就在现场。人们除了对奥巴马爸爸口才的钦佩之外，还钦佩那位拿 100 美元道歉的白人。哲学家葛拉西安说，智者能把诽谤他的人变成维护他的人。

在另外的一个时间和另外一个地点，有两拨年轻人先后来到一家酒吧，一边是 6 名警察，另一边是 10 名庆祝生日的大学生。他们为了一件很小的事发生口角，结果，双方放弃了"将对方由诽谤自己的人变成维护自己的人”的机会，企图使用武力制服对方。结果一名警察打死了一名大学生。

倘若奥巴马的爸爸在1959年那次遭到白人侮辱后，使用武力教训对方并置其于死地，等待奥巴马爸爸的可能是当场被打死，或者打死别人自己等着接受死刑。由此，奥巴马也就不大可能在1961年出生了，那么今天的美国总统就不会是奥巴马。

我们又怎么能完全否定，在后面的这家酒吧，被打死的大学生，或者被判死刑的警察，不会是几十年后某位国家元首的爸爸呢？

他如果开枪怎么办？
好办。连人带枪卷起来，抛到空中。

愤怒是一匹脱缰的野马，它可能把你带进一片沼泽，或者带到一座悬崖，但很少会带你到一处敞开的花园。

怎样能够跳过悬崖

美国漫画家罗素·迈尔斯以系列漫画《女巫希尔达》而知名。在他的一集漫画中，绿衣女巫希尔达正站在悬崖边眺望。秃鹫吉劳德站在悬崖对面，向希尔达招手："到这边来吧，我们一起玩儿！"

希尔达有些动心，然而看看脚下的峡谷，她犹豫了："可是我跳不了这么远！"吉劳德回答："不要用消极思维打败自己。我正在写一本书，是关于积极思维的力量。我在书里证明，只要你有正确的态度，就能做成任何事情！"

希尔达一边打量着他们之间的巨大鸿沟，一边思索着吉劳德的鼓动。吉劳德再次激励她："告诉自己你做得到——行动起来！"希尔达一时自信心极度膨胀，热血沸腾地喊道："好吧——我来了！"她后退几步，助跑，大步跃出……

然后，一直掉下去。

吉劳德镇静地站在悬崖边上，眼看着希尔达落入峡谷中，渐渐变得只有铅笔尖那么大。然后它转身走开，自言自语道："看来我应该在书里加一章，教你如何锻炼腿部肌肉。"

我们经常说"态度决定一切"，但这并不意味着你能达到自己设立的任何目标。只有那些做了充分准备的人，才有可能把希望变为现实。相信自己做得到固然很好，但是不要忘记，真正的能力才是前提。

受伤的女儿

美国加州，有一个 4 岁的小女孩，她的父亲有一台心爱的大卡车。

一天，小女孩拿着一块铁片兴之所至地在车门上画了一些小动物，还有一些小花朵。父亲回来之后，看着车门上无数道刮痕，盛怒之下用铁条抽打女儿的双手，当场将女儿一只手的三根手指打断。没有发泄完愤怒的父亲，又用铁丝把她的另一只手绑起来，然后把她吊在车库里罚站。

当父亲再次想起小女儿时，已是 3 个小时之后！父亲马上把女儿送到医院，可是已经晚了，小女孩的手指血液全部坏死，必须切除。

不久，女儿出院了。可是，她的双手已经残废，再也不能像从前一样握笔画画，再也不能到野地里采花，再也不能伸展开来抚摩父亲的脸颊……

几个月后，父亲把卡车送进修理厂重新烤漆，就像全新的一样！当他把卡车开回家后，小女孩对父亲说："爸爸，你的卡车像新的一样漂亮。"她无邪地伸出她那变形的双手，对父亲说："什么时候我也能有一双新的手？"

听了这话，父亲泪水盈眶，全身颤抖。

再好的车，能有女儿好吗？但是，当时为什么就那么珍惜车而忽视女儿呢？

到底是什么让我们义无反顾地伤害自己最爱的亲人？是"爱"。当爱变成了一种权力和专利的时候，它就会沦为暴力的助手和面具。

因为爱，就可以肆无忌惮吗？

在有些人的眼里，手表比手重要，头衔比头重要，财富比幸福重要。

“免费”是多少钱

“免费”是个神奇的价格，我们不能用评估其他价格的方法来评估它，它让我们感觉良好，让我们的欲望无限放大。但有时候“免费”会捉弄我们，促使我们做出错误的决定。

想象一下，面前刚好有两种礼券供你选择，你会选择哪一个呢？

1.免费的 10 元礼券

2.售价 7 元的 20 元礼券

如果你的第一反应和 Shampan'er、Ariely 两位教授在 2006 年研究中的被试者一样，那么你会选第一个，免费的那个。其实从经济的角度分析，这并不合理。当你再次考虑的时候，你会发现 20 元礼券更合算：你事实上获得了免费的 13 元礼券。但“免费”这个词把我们脑子里的理智全屏蔽了。

如果你不相信自己被骗，那么再来看看下面两个选择，你会选哪个？

1.售价 1 元的 10 元礼券

2.售价 8 元的 20 元礼券

这个时候，大部分被试者（64%）选择了 20 元礼券。

注意！其实每种礼券的价格只多了 1 元，10 元礼券的价格从 0 元变成了 1 元，而 20 元礼券从 7 元变成了 8 元。在不存在使人丧失理智的“免费”这个词的时候，大部分人都会意识到 20 元礼券更合算，并按照最大优惠原则来购买产品。

以上研究证明了“免费”的力量如此强大，以至于我们毫无抵抗就做了错误的决定。为什么这个简单的词会有这样的力量呢？两位教授认为主要有两个情绪上的原因：“免费”让我们没有付出劳动就获得果实，感觉良好；同时，因为我们没花钱，所以就算选错了，也不会损失什么。

广告和市场营销的专家们都熟知，把“免费”这个词嵌进任何一项交易中，都会提高商品吸引力，即便事实上你并未拿到任何免费的东西。想想那些随处可见的“买一送一”活动，其实你并没有拿到什么免费的东西，它们只不过打 5 折而已。虽然五折也很不错，但它听起来其实并不像“免费”那么吸引人，不是吗?

世界上绝没有免费的午餐！

有人用一只手送给你一样东西，他一定会同时用另一只手从你身上拿走另一样东西——拿走的一定比赠送的更多！因为，他做的这两个动作都需要成本。

王位与美食

雷力德三世是14世纪统治当今比利时一带的君主，以身体肥胖出名。雷力德三世的弟弟名叫爱德华。在他俩产生激烈矛盾后，弟弟成功发动了一场政变。爱德华将雷力德三世抓了起来，但没有处死他，而是在一个城堡里给他专门建了一个房间。爱德华向雷力德三世保证：只要他从那个房间走出去，他就能重新回到从前的王位。

这是一个什么样的房间呢？它有门有窗，而且门、窗从不上锁。问题是，雷力德三世体形过于肥胖，而那些门窗均是正常尺寸的大小。如果雷力德三世要重获自由，登上王位，就必须节食减肥。

这一决定，对于拥护爱德华的人来说，他似乎过于宽大！对于拥护雷力德三世的人来说，爱德华似乎太傻！因为只要雷力德三世顿顿少吃，不出几个月，他就会走出那个房间。

然而，爱德华对其兄长的弱点太清楚不过了。他每天都打发人把各种各样的美味端给雷力德三世让他品尝，雷力德三世对各种美食一贯是来者不拒。一段时间下来，雷力德三世的体重不但未减，反而增加不少。他变得越来越肥胖了。

当发现这一情况后，拥护雷力德三世的人恍然大悟，纷纷指责爱德华对其兄长太过残忍。爱德华笑着回答说：“我哥哥不是一名囚犯。只要他愿意，他就可以随时离开那里，决定权在他手里。”

话没说错，爱德华没有囚禁他哥哥雷力德三世，可贪吃的本性囚禁了雷力德。在那个房间，雷力德三世一待就是10年，直到弟弟爱德华战死后才被放出来。然而，雷力德三世的身体已经被自己多年的贪吃糟蹋得百病缠身，走出那个房间后不到一年就一命呜呼了。

雷力德三世不知道鱼与熊掌不可兼得吗？知道！雷力德三世不知道王位重于美味吗？知道！可他为什么没有实现思想与实践的统一？原因就是雷力德三世没有能力战胜眼前的欲望。当美食呈现到面前时，健康和王位都显得不再重要。

猴子花了几百万年变成了人，可是一杯酒就把它又变回了猴子。

贪恋玩乐，结果一事无成；贪恋奢华，结果负债累累；贪恋虚名，结果身疲力竭；贪恋权贵，结果沦为奴婢……一切人生遭际，哪一桩不是亲手招至？

战胜不了欲望，就成为欲望的牺牲品。

92 岁的快乐者

这是一位 92 岁高龄的女士，她身材娇小但仪态自若，并略带几分矜持。

在养老院的大厅耐心等候了很久，当被告知她的房间已经准备就绪时，她的脸上露出了甜甜的笑容。护士对她的房间进行了一番描述，包括挂在窗户上镶有小圆孔的窗帘。

“我真的很喜欢！”她说道，流露出的热情简直和一个 8 岁的孩子得到一个新玩具一样。

“可是，琼斯夫人，您还没有到您的房间……”

“这和看不看没有关系，”她回答，“快乐是你事先决定好的。我喜不喜欢我的房间，并不取决于家具是怎么安排的、房间有多大，而在于我怎么安排我的想法，我已经决定喜欢它。

“这是我每天早晨醒来后做的决定，我可以选择接受变化，并且在种种变化中寻找快乐。我还可以选择担忧那些可能永远不会发生的‘假如’，我可以整天躺在床上琢磨我身体哪些部分不灵了，给我带来这样或那样的困难；我也可以从床上起来，对我身体还有许多的部位能工作心怀感激。

“我有 5 条简单易行的生活法则：心中不存憎恨，脑中不存担忧，生活简单，多点儿给予，少点儿期盼。”

实际上，她已经双目失明，必须靠步行器走路。今天刚刚被送进一家养老院。她 90 岁的丈夫前不久刚刚去世。

让自己的意愿统治生活，而不是让生活左右意愿，这确实是一种高明的人生哲学。

我们不能掌控世界，也不能掌控他人，可是，我们可以掌控自己。那么，我们就让自己成为快乐的人，成为心灵自由的人，成为充实满足的人。

鲍勃为什么不辞职

鲍勃是一名手艺精湛的厨师，在佛罗里达州一座小镇的“好望角餐厅”工作。业余时间，他还热爱博彩，虽然一直没有得过大奖。

2009年2月，幸运之神意外眷顾了这位厨师，他居然中了500万美元！在经济危机的情况下，他成了小镇最幸运的人。拿到奖金的那个晚上，他在自己工作的餐厅宴请宾客，和朋友们一起分享快乐。

在那个狂欢之夜，所有的人都觉得开心满足，只有饭店老板约翰有些难过，因为他得开始计划重新招聘一名厨师了，他想，鲍勃肯定不会再继续干这份工作了。

第二天，就在约翰草拟招聘启事的时候，一个熟悉的身影出现在他面前。是鲍勃，他还是像从前一样按时来上班，看见老板的招聘启事，他风趣地说：“鄙人手艺不错，原来在著名的好望角餐厅工作过，请聘用我吧。”一句玩笑话，让约翰心中的石头落了地。

于是，鲍勃又吹着口哨开始了他的工作。

令人意想不到的是，从此以后，好望角的生意越来越好，很多人出于好奇，专门来拜访这位富翁厨师，并向他表示真诚的敬意。

再后来，媒体的记者们开始关注鲍勃，他们闯进厨房，问他：“鲍勃先生，你完全可以过一种崭新的生活，为什么还要继续在这里辛苦呢？”

他一手端着盘子，一手拿着勺子对记者说：“我从小就喜欢厨艺，虽然父母并不支持，但我还是坚持做了一名厨师，你知道我有多喜欢这个工作吗？而且，这里有像亲人一样的老板和同事，我为什么要因为一笔意外之财而丢弃我热爱的事业呢？是的，我不能因为钱而放弃我的快乐。”

记者很惊讶，良久无语，之后仍然执着地问道：“你这么有钱，为什么不把这家餐厅买下来，然后自己做老板，这样不是更好吗？”

鲍勃笑了，隔着玻璃门指着外面的约翰说：“我喜欢做厨师，约翰才喜欢当老板。我如果买下这家餐厅，那不意味着约翰就失业了吗？既不能给我带来快乐，又可能夺走别人快乐的事情，我何必去做？”

“那么，你准备把那么多的钱拿去做什么呢？”

鲍勃想了想，说：“或许我会拿出一部分做慈善事业，毕竟，还有很多人生活得并不好。我希望将来能周游世界，这也是我的梦想之一。”

金钱可以带来美食，但不能带来食欲；金钱可以购买豪华的睡榻，但不能购买香甜的睡眠；金钱可能会赢来短暂的幸运，但不能赢来永恒的幸福。

让金钱装饰我们的生活，但不要让它改变我们的本性。

冰激凌的美味

在美国旧金山有一家知名的芭蕾舞团，一位记者曾去采访剧团的首席芭蕾舞星，当记者问“您最喜爱的食物是什么”时，这位美丽动人的舞蹈家兴奋地回答说：“冰激凌圣代！”

记者对这个答案颇感讶异，因为这种甜食含有很多的热量，吃多了会刺激体重的增加，这对舞蹈演员可是致命的打击啊！

这位记者又继续问道：“那你隔多久会让自己放纵一次呢？”女舞蹈家回答说：“现在推算起来的话，至少是 15 年吧。”就是说，她上一次品尝冰激凌圣代是在 15 年以前！

1928 年，当英国首富威斯敏斯特公爵第一次和可可·夏奈尔相遇后，便不可自制地爱上了她，随即展开的追求攻势是任何女人都无法抵挡的——每天夏奈尔都能收到一份别出心裁的礼物，有时是一蓝来自苏格兰的鲜花，有时则是一枚天价的古董胸针。如果夏奈尔愿意嫁给公爵，她不仅可以得到公爵夫人的桂冠，而且她将成为欧洲最富有的女性之一。

但是，经过 6 年的爱意缠绵后，当公爵夫人的头衔有可能限制事业发展的时候，她最终还是放弃了这段感情，因为“有成堆的公爵夫人，可可·夏奈尔却只有一个”。历史庆幸于这个决定，否则，世界上就没有 CHANEL 这个令人心动的品牌了！

在人生中，像冰激凌的美味、公爵夫人的头衔这样的诱惑无处不在，但是，所有伟大的人都知道，人生有时候必须舍弃。就像冰激凌一样，再美味，也要果断拒绝！

懂得放弃才能得到。想拥有一切的人，最终可能一无所得。

人生的幸福有很多层次，低级的感官享受对人的诱惑往往最大，许多一事无成的人，莫不是因此而不能自拔。

贫穷的外套

农夫回到家时，发现屋里有个衣不蔽体的陌生人。

“嘿！”他大声喊，“这是我的家，你赶紧离开！”

“尊敬的先生，从今天起，这里也将是我的家了，你怎么可以把我赶走呢？”

农夫奇怪地问：“我怎么没有见过你呢，你到底是谁？”

“我是‘贫穷’啊！您最近是不是总觉得入不敷出、捉襟见肘？昨天为了买那顶新帽子，您不是还卖了一把斧头吗？这就说明我要在这儿住上一段时间了。”

听说贫穷要住下来，农夫很烦恼：“如果亲戚和邻居知道贫穷住在我家里，可太丢人了。我得把这个家伙打发走。”但他绞尽脑汁也想不出一个好主意。最后，他决定给贫穷做一件外套，他想：如果我把他装扮起来或许能瞒过周围的人。”

于是，农夫量好贫穷的尺寸，拿到镇上的裁缝店里去，让师傅按这个尺寸做一件华丽的外套。为了买衣料和付手工费，农夫不得不卖掉家里所有值钱的东西。

新衣服终于做好了，农夫迫不及待地让贫穷穿上。“实在对不起，”贫穷微笑着说，“这衣服不合身，我穿不进去。”

“这个骗人的裁缝！”农夫气急败坏地说，“我付了那么多钱，他竟敢把衣服做小了！”

“不要责怪裁缝，这不是他的错。”贫穷解释说，“当你花钱来掩饰我的时候，我变得更大了。”

花很多钱掩饰贫穷，结果更加贫穷；本来想避免嘲笑，却增加更多的笑料。

虚荣是一双黄金做的小鞋，别人看见的是奢华，自己感受到的却是痛苦。

“仇恨袋”的故事

古希腊神话里，有一则“仇恨袋”的故事。

威风凛凛的大力士赫格利斯，从来都是所向披靡，无人能敌，因此，他总是踌躇满志，春风得意。唯一的遗憾就是找不到对手。

有一天，赫格利斯行走在一条狭窄的山路上，突然，一个趔趄，险些被绊倒。他定睛一看，原来脚下躺着一只布袋。他猛踢一脚，那只布袋非但纹丝不动，反而气鼓鼓地膨胀起来。赫格利斯恼怒了，挥起拳头又朝它狠狠一击，但布袋依然如故，仍迅速地膨胀着。赫格利斯暴跳如雷，拾起一根木棒朝它砸个不停，但袋囊越胀越大，最后将整个山道都堵得严严实实。气急败坏却又无可奈何之下，赫格利斯累得躺在地上，气喘吁吁。

不一会儿，一个老者走来，见此情景，困惑不解。赫格利斯懊丧地说：“这个可恶的东西，存心跟我过不去，把我的路挡住了。”老者淡淡一笑，平静地说：“朋友，它叫‘仇恨袋’。当初，如果你不理会它，或者干脆绕开它，它就不会跟你过不去，也不会把你的路给堵死。”

真正妨碍我们的不是路上的“仇恨袋”，而是我们内心的不平，

同样的世界，在不同人的眼中会有完全不同的景象，怨恨的眼睛只能看见怨恨的世界，宽怀的心，就能看见广阔通达的人生，你微笑了，世界就自然会露出甜美的容颜。

教养

身份品位的象征

HARVARD FAMILY INSTRUCTION

生气的骆驼

一只骆驼在沙漠中跋涉，烈日当空，晒得它又累又渴，很是焦急，又很是愤怒，一肚子的怨气不知道该往哪里发泄。

这时候，沙漠上的一块玻璃片把骆驼的脚掌绊了一下。愤怒的骆驼顿时火冒三丈，抬起脚狠狠地把玻璃踢了出去。由于用力太猛，结果把自己脚掌划开一道深深的伤口，鲜红的血液顿时染红了沙粒。

生气的骆驼一瘸一拐地走着，一路的血迹引来了天上的秃鹫，它们怪叫着在骆驼的头上盘旋。骆驼心里一惊，不顾伤势狂奔起来，在沙漠上留下一条长长的血痕。浓重的血腥味儿引来了附近的沙漠狼，惊恐的骆驼只得东奔西突。

仓皇之中，它跑到一处食人蚁的巢穴附近，鲜血的气味惹得食人蚁倾巢而出，黑压压地向骆驼围过去。一瞬间，蚁群就像一块黑色毯子一样，把骆驼裹了个严严实实。只一会儿工夫，可怜的骆驼就鲜血淋漓地倒在了地上。

临死前，这个庞然大物追悔莫及："我为什么跟一块小小的碎玻璃生气呢?"

人发怒的时候，其本性会发生改变，他不再是原来那个能主宰自己的人，而成了魔鬼的奴隶。

怒火是魔鬼赋予人的一种破坏力，它先毁灭人的心智，毁灭本有的善和美德，然后让他用失去理智的车轮冲向别人，冲向他自己看不见的深渊。

妙喻巧劝杰弗逊

18 世纪 70 年代初的一天，北美 13 个殖民地的代表齐聚一堂，协商脱离英国而独立的事宜，并推举富兰克林、杰弗逊和亚当斯等人负责起草一份《独立宣言》。于是，执笔的具体工作，就历史性地落到了才华横溢的杰弗逊头上。

杰弗逊文才过人，年轻气盛，平素最不喜欢别人对他写的东西品头论足。他起草好《独立宣言》之后，就把草案交给委员会成员审查通过，自己则坐在会议室外等待着回音。

过了很久没听到结果，杰弗逊等得有点不耐烦了，几次站起来又坐下去。老成持重的富兰克林就坐在他的旁边，唯恐这样下去会发生不愉快的事情，于是拍拍杰弗逊的肩，给他讲了一个故事。

富兰克林说：有一位年轻人是个帽店学徒，三年学徒期满后，决定自己开办一家帽店。他觉得，有一个醒目的招牌非常重要，于是自己设计了一个，上面写道："约翰·汤普森帽店，制作和现金出售各式礼帽。"同时还画了一顶帽子附在下面。招牌送去制作之前，他特意把草样拿给各位朋友，请大家"提意见"。

第一个朋友看过后，不客气地说："制作"一词可以省略，因为顾客并不关心帽子是谁制作的，只要质量好，式样称心，他们自然会买——于是，这个词去掉了；第二位说："现金"二字实在多余，因为本地市场一般习惯是现金交易，不时兴赊销，顾客买你的帽子，毫无疑问会当场付现金的；第三位朋友反复端详着草样，嘴里念念有词：“出售各式礼帽？谁也不指望你白送给他，留那样的词有什么用？”于是，他把“出售”划去了。

这样删过之后，草样上就只剩下“约翰·汤普森，各式礼帽”几个字和那顶画上去的帽子了。

最后一位朋友看了，提笔把“各式礼帽”也“斩”掉了，理由是“下面明明画了一顶帽子嘛！”

等帽店开张，招牌上只醒目地写着“约翰·汤普森”几个大字，下面是一顶式样新颖的礼帽图样。来往顾客看到后，都交口称赞这个招牌做得好。

听完这个故事，自负、焦躁的杰弗逊渐渐平静下来——他明白了老朋友的意思。

《独立宣言》草案经过众人的精心推敲、修改，更加完美，成了字字金石的不朽文献。作为美国立国精神的最重要的文献之一，它深深地影响了美国和世界的发展。自1776年以来，“人人生而平等”作为美国立国的基本原则，作为人们的信念和理想，一直为后人所传颂。

劝谏不必咄咄逼人，温言软语更能深入心扉。

才华可以使我们的文笔和口才熠熠生辉，除此之外，如果它还能让我们不骄不躁、谦逊有礼，那就无异于锦上添花。

才华是一束带刺的玫瑰，如果把握得不好，就很容易刺痛别人，也会伤及自己。

三个筛子

一个人急急忙忙地跑到一位哲人那儿，说：“我有个消息要告诉你……”

“等一等，”哲人打断了他的话，“你要告诉我的消息，用三个筛子筛过了吗?”

“三个筛子?哪三个筛子?”那个人不解地问。

“第一叫真实。你要告诉我的消息，是真的吗?”

“不知道，我是从别处听来的……”

“现在你再用第二个筛子去审查。你要告诉我的消息不是真实的，至少也应该是善意的吧?”

那人踌躇地说：“不，刚好相反……”

哲人又打断了他的话：“那么我们再用第三个筛子。我问你，使你如此激动的消息是重要的吗?”

“并不重要。”那个人不好意思地回答。

哲人说：“既然你要告诉我的消息，既不真实，也非善意，更不是重要的，那么就别说了吧。如此，那个消息便不会困扰你我了。”

一言既出，覆水难收。故人宜慎行，更宜慎言。

三思而后行，三思而后言。

失礼，没有理由

查尔斯的父亲早已过世，但是他和父亲之间的这个故事始终让他难以忘怀。

查尔斯小的时候，他常在父亲开的杂货铺里帮忙。在那儿工作的都是成年人，父亲希望儿子能从他们身上学到一些有用的东西。

杂货铺里有一个不怎么受欢迎的人，伙计们背地里都叫他“堕落的老家伙”。大家都知道他对妻子不忠，从道德上来讲，他绝对不是一个值得尊敬的人。

查尔斯对这个人的人品也有所耳闻，所以与其他孩子一样，对他很不尊重。孩子们称呼其他成年男性都是“某某先生”，而对于这个“老恶棍”，他们却只愿意称他为“乔”。

查尔斯的父亲有一天听到了儿子与“乔”的对话，于是便把儿子叫到了办公室里。

“儿子，”父亲说，“我曾经告诉过你，跟长辈说话一定要谦恭。但是刚才我听到你在大声叫‘乔’。”

儿子向父亲解释，为什么他要故意把“乔”和“史密斯先生”或“布朗先生”区别对待。

最后，儿子告诉父亲，“先生”一词是留给值得尊敬的人的，而那个家伙他不配。

“他配不配是他的事，而你这样对待他是你的问题，现在失礼的是你，年轻人！”父亲说，“对另一个人有看法不是你失礼的借口和理由!”

这是他父亲给他上的一堂意义深远的课，这件事一直伴随着查尔斯，即使是在他成为一位非常成功的商人之后也是如此。

因为失礼时展示得更多的是我们自己，而不是我们所憎恨的人，同时，无礼地对待那些该轻蔑的人，也会降低我们在善良人眼中的地位。

生活中总有一些人确实令人不齿，他们要么自私自利，要么阳奉阴违，或者不仁不义……正因为这样，我们更应该好好修炼，使自己成为他人的楷模，成为一面镜子。

你知道报警器为什么响了?
知道，因为有人在那边抽烟。

法国大革命时期，国王路易十六被判处死刑，不久，王后玛丽也被送上断头台。

就在她走向断头台的时候，不小心踩了刽子手的脚，她立即屈身对刽子手说：“先生，对不起。”时至今日，法国人对此依然念念不忘。

以善的态度对待善，人人可为；以善的态度对待恶，才足以显示高贵和强大。

油伞

人，无论谁都有一两件感到后悔的事情。

虽然这是几十年前的事了，但回想起来，竹内春子的内心深处还在隐隐作痛，还在自责。

那是她 30 岁的时候，一天，她发现了一个在她家房檐下避雨的报童。天空降着瓢泼大雨，为了不使报纸淋湿，报童弯着身，抱着报纸。

竹内春子想，我应该借把伞给他。

正在避雨的这个报童，身着一件旧衬衫和一条薄裤子，看起来他生长在一个贫寒的家庭，为了补贴家用而拼命干活儿。当时的日本并不繁荣，送报的工作多是一些穷苦人家的孩子来干。

竹内春子想把家中的伞借给他，心里又出现了一种不安。

把伞借给这个穷孩子，他还能还回来吗？于是，她将一把已经快不能使用的破油伞借给了他。

翌日清晨，那报童来到她家。

“阿姨，谢谢了，您的伞。”

当竹内春子想晾伞而把伞打开时，她愣住了，伞的破漏之处被修补得整整齐齐、漂漂亮亮，成了一把好伞……

她心如潮涌，泪水一下溢满了眼眶。

所有的恩赐，都要真诚感激，这是神的美意在人的身上显现的奇迹。

感恩不是简单的偿还，感恩是把别人给你的关怀，再加上你的一份爱，一起奉献给世界。

施舍，最好不要有分别心。真的善意，没有犹豫掂量，没有左思右想，没有患得患失，否则，这份施舍就变成了伤害。

守时的康德

1779年，德国哲学家康德计划到一个名叫珀芬的小镇，去拜访老朋友威廉·彼特斯。康德动身前曾写信给彼特斯，说自己将于3月2日上午11点之前到达。

康德3月1日就赶到了珀芬小镇，第二天早上租了一辆马车前往彼特斯的家。老朋友的家住在离小镇12英里远的一个农场里，小镇和农场中间隔了一条河。当马车来到河边时，细心的车夫说："先生，实在对不起，不能再往前走了，桥坏了，很危险。"

康德下了马车，看了看桥，中间的确已经断裂了。河面虽然不宽，但水很深，而且结了冰。

"附近还有别的桥吗？"康德焦急地问。车夫回答说："有，先生，在上游6英里远的地方还有一座桥。"康德看了一眼怀表，已经10点钟了。"如果走那座桥，我们以平常速度什么时候可以到达农场？""我想大概得12点半。"康德又问："如果我们经过面前这座桥，以最快速度什么时间能到达？"车夫回答说："最快也得用40分钟。"

康德跑到河边的一座很破旧的农舍里，客气地向主人打听道："请问您愿意把你门前的废旧牛舍卖给我吗？这间房子要多少钱才肯出售？"农妇大吃一惊："您买如此简陋的牛舍，究竟是为什么？""不要问为什么，您愿不愿意？""那可以吧，你随便给点儿钱吧。"康德付了钱说："如果您能马上从棚顶上拆下几根长木头，20 分钟内把对面河上的桥修好，我将把牛舍再还给您。”农妇把两个儿子叫来，让他们按时修好了桥。

马车平安地过了桥，飞奔在乡间的路上。10 点 50 分，康德赶到了老朋友的家。

在门口迎候的彼特斯高兴地说：“亲爱的朋友，您可真守时啊！”

康德在与老朋友相会的日子里，没有对他提起买房拆木补桥过河的事情。

后来，彼特斯无意中听到那个农妇讲了此事，便很感慨地给康德写了一封信。信中说道：“您太客气了，还是一如既往地守时。其实，老朋友之间的约会，晚一些时间是可以原谅的，何况您还遇到了意外。”

一向一丝不苟的康德在给老朋友的回信中写了这样一句话：“在我看来，在一定意义上说，无论是对老朋友，还是对陌生人，守时就是最大的礼貌。”

守时，可以分解出一个人的如下品质：尊重他人，不愿意让人久候；尊重自己，不愿意因此毁誉；诚信自律，能掌控自己的行为，能把握生活的原则。

守时，守的不是时间，守的是节操和人格。

故事中的康德还有另外一德：不炫耀美德。为了践约费尽周折，事后却对朋友只字未提。不炫耀美德，是为真君子。

100 年前的招聘启事

英国一家媒体公布了一则 20 世纪初的招聘启事。

现招聘男孩一名——

他要坐立笔直，言行端正；

他的指甲不能乌黑，耳朵要干净，皮鞋要擦亮。勤洗衣服，每天梳头，有一口干净洁白的牙齿；

别人和他讲话的时候，他要认真听讲，不懂就问，但与己无关的事情绝不过问；

他行动迅速，不出声响；

他可以在大街上吹口哨，但在该保持安静的地方安心静默；

他看起来要精神愉快，对每个人都笑脸相迎，从不生气；

他要礼貌待人，尊重女士，不说猥琐粗鄙的言语；

他不吸烟，也不想学吸烟，也不会把时间花费在无聊的事情上；

他愿意说一口纯正的英语，而不是难懂的俚语；

他从不欺负别的男孩，也不允许别的男孩欺负他；

如果不知道一件事情，他会说：“我不知道。”当他犯了错误，他会说：“我尽力改正。”

他会正视你的眼睛，心胸坦荡，光明磊落；

他渴望阅读优秀的书籍，他从阅读中得到快乐和知识；

他更愿意在体育馆中度过闲暇时间，而不是在密室中赌博；

他不想故作“聪明”，或以任何形式哗众取宠；

他宁愿被人误解或被学校开除，也不愿意说谎或做卑鄙小人；

他在与女孩的相处中，不手足无措，不乱说乱动，他始终彬彬有礼，举止得体；

他不会为自己开脱，也不会总是想着自己或谈论自己；

他尊重自己的父母，听取父母的教诲，不会无理争辩，或者反唇相讥；

有他在身边，你会感到十分愉快；

他不虚伪，也不假正经，而是健康、快乐、充满活力。

一个人具有优秀的品质，无论他走到哪里，都会畅行无阻——美德是永不过期的通行证！

任何地方都需要这样的男孩。家庭需要他，学校需要他，办公室也需要他。父母喜欢他，朋友喜欢他，男孩喜欢他，女孩也喜欢他。一百年前需要这样的人，一百年后的今天，仍然需要这样的人。

我们强调“人才”的时候，往往强调了“才”，忽略了“人”。人才首先必须成之为“人”，然后方可成之为“才”。人才难得，真正难得的是其中的那个“人”。

面对瑕疵

这一年，他被耶鲁大学录取，但他却因缴不起学费而可能失学。于是，他决定利用假期，像父亲一样外出做油漆工，以挣够学费。

这天，眼看工作即将完成，他给拆下来的橱门刷上最后一道油漆。这时，门铃响了，他赶忙去开门，不想却将一把扫帚绊倒。被绊倒的扫帚又碰到了一块橱门板，而橱门板正好倒在昨天刚粉刷好的墙面上，墙上立即有了一道清晰的漆印，他赶紧调了些涂料，细心地把墙面补好。

可第二天一进门，他发现昨天重刷的墙壁与相邻墙壁之间依然存在色差，而且越看越明显。最后，他决定将所有的墙壁重刷一遍。

验收的时候，房主对他的工作很满意，付足了他的酬劳。但对他来说，除去增加的涂料费用，自己几乎没有挣到钱。

房主的女儿从别处知道了事情的经过，便告诉了她的父亲。房主知道后很感动，在女儿的要求下，房主同意赞助年轻人上完大学。大学毕业后，年轻人娶了房主的女儿为妻，而且进入房主所在的公司。10 多年后，他成了这家公司的董事长。

他的名字叫萨姆·沃尔顿，他在全世界拥有 500 多家沃尔玛零售超市。

一点失误可以产生一个瑕疵，一个瑕疵可以损坏一面墙壁，而一面墙壁却成就了一个人的一生！

瑕疵造成什么样的结果，不在瑕疵本身，而在于我们面对瑕疵的态度。

错误通常只能导致失败，在这里，它却导致了一个成功！美的心灵，即使开出了一朵错误的花，也是美丽的。

学会尊重每一个人

这是发生在美国纽约曼哈顿的真实故事。

一天，一位40多岁的中年女人领着一个小男孩走进美国著名企业“巨象集团”总部大厦楼下的花园，在一张长椅上坐下来。她不停地跟男孩在说着什么，似乎很生气的样子。不远处有一位头发花白的老人正在修剪灌木。

忽然，中年女人从随身挎包里揪出一团白花花的卫生纸，一甩手将它抛到老人刚剪过的灌木上。老人诧异地转过头朝中年女人看了一眼。中年女人也满不在乎地看着他。老人什么话也没有说，走过去拿起那团纸扔进一旁装垃圾的筐子里。

过了一会儿，中年女人又揪出一团卫生纸扔了过来。老人再次走过去把那团纸拾起来扔到筐子里，然后回原处继续工作。可是，老人刚拿起剪刀，第三团卫生纸又落在了他眼前的灌木上……就这样，老人一连捡了那中年女人扔的六七团纸，但他始终没有因此露出不满和厌烦的神色。

“你看见了吧!”中年女人指了指修剪灌木的老人对男孩说，“我希望你明白，你如果现在不好好上学，将来就跟他一样没出息，只能做这些卑微低贱的工作！”

老人放下剪刀走过来，对中年女人说：“夫人，这里是集团的私家花园，按规定只有集团员工才能进来。”

“那当然，我是‘巨象集团’所属一家公司的部门经理，就在这座大厦里工作!”中年女人高傲地说着，同时掏出一张证件朝老人晃了晃。

“我能借你的手机用一下吗?”老人沉吟了一下说。

中年女人极不情愿地把手机递给老人，同时又不失时机地开导儿子：“你看这些穷人，这么大年纪了连手机也买不起。你今后一定要努力!”

老人打完电话后把手机还给了妇人。很快一名男子匆匆走过来，恭恭敬敬地站在老人面前。老人对来人说：“我现在提议，免去这位女士在‘巨象集团’的职务!”

“是，我立刻按您的指示去办!”那人连声应道。

老人吩咐完后径直朝那位女士走去，意味深长地说：“我希望你明白，在这世界上，最重要的学问是尊重每一个人……”说完，老人缓缓而去。

中年女人被眼前骤然发生的事情惊呆了。她认识那名男子，他是巨象集团的人事主管。“你……你怎么对这个老园丁那么尊敬呢?”她大惑不解地问。

“你说什么？老园丁？他是集团总裁詹姆斯先生!”中年女人一下子瘫坐在长椅上。

不要嘲笑任何人，无论他的言行多么可笑；不要愚弄任何人，无论他的处境多么窘迫；不要轻视任何人，无论他的地位多么卑微!

浅薄的人用外表看人，势利的人用利益看人，邪恶的人用得失看人，善意的人用爱心看人。

我们用看人的眼光所看到的，就是我们自己。

我在等你说“谢谢”

在一座山地公园门口，一大群人围着一辆高档轿车。轿车旁边站着一名身着高级西服的男人，只见他焦急地喊道：“你们有谁能帮我爬进车底拧一下螺丝啊!”

他的车油路出了问题，渗漏出来的油已经淌到了车外，这里离最近的修理站也有几十公里，难怪他急得像热锅上的蚂蚁。

一位打扮时髦的年轻女子掏出一张百元钞票，扬起手说：“谁下去帮我们修好，这钱就是他的了!”人群中一个小伙子动了一下，却被他的同伴拉住：“他们为什么不自己修?”

这时，一个脚上穿着旧皮鞋、头上戴一顶旧太阳帽的小男孩走了过去，他说：“让我来吧。”

操作很简单，小孩在那个男人的指挥下，几分钟就把松动的螺丝拧紧，止住了油的泄露。他一身油渍地爬出来，用期待的眼神看着那个男人。男人刚想把那张百元钞票递给小孩，却被他身旁的女子阻止了：“你还真打算给他100元啊?给他5元已经够多了！我原来以为很复杂，没想到那么简单!”

男人从女人手里接过零钱递给小孩，小孩摇了摇头。听见人群中的唏嘘声，男人又加了5元，小孩子还是摇头。男人有些生气了：“你嫌少？再嫌少，这10块钱也不给你啦!”

“不，我没有嫌少。我的父亲说过，帮人不能要报酬的!”

男人一下子愣住了：“那你怎么还不走?”小孩说：“我在等你跟我说声‘谢谢’!”

那些看似高贵的，其实卑贱；那些看似卑微的，其实高贵。

人之高下，与衣服无关，与车无关，与地位名声都无关——我们的一言一行才是我们的标签。

奇妙告示

纽约一个儿童游乐园的大门口竖着一块牌子，上面写着：“成年人必须在孩子陪同下方可入内。”

一座向公众开放的英国古堡，入口处贴着一张告示：“主人该使客人宾至如归，客人该注意此处并非家里。”

柏林一家花店门口写着：“送几朵花给你爱慕的女人——但最好她就是你的太太。”

肯尼亚某天然动物园的告示中规定：“凡向鳄鱼池内投掷物品者，必须亲自下去捡回。”

瑞士某旅游胜地有一张告示牌，上面写着：“爱花的人们，就让花留在山上吧。”

伦敦一家旅馆，在所有盥洗室里贴有这样的告示：“客人们，请把你的歌藏在心里，因为我们的墙壁并非像你想象的那样厚实。”

加拿大阿尔伯特州公园入口，有一张布告：“请不要打扰里面的鸟，它们在此避难。”

日本在繁华交通路口的十字转弯处，用醒目的文字提示：“您家里人笑着等您安全回归。”

在芬兰一处自然风景区，游客一进山门便看到这样的劝告：“除了足迹您什么也别留下，除了照片您什么也别带走。”

在丹麦首都哥本哈根的一条道路上，人们可以看到这样的一条告示：“你打算怎样？以每小时 40 公里的速度开车活到 80

岁，还是相反？”

英国伦敦地铁，有一条提醒乘客买票的告示：“如果你无票乘车，那就请你在伦敦治安法院前下车。”

美国一家旅馆客房告示：“请勿在床上吸烟，否则落地的灰烬可能就是你自己。”

每一则善意的忠告，都是指引人生的路标。

不因小善而不为，不因小恶而为之。生活的每时每处，都在磨炼我们的修养，都在检验我们的品性。

小的过失，可以酿成大的溃败；小的修为，可以成就大的人生。

一只猫的遭遇

坏情绪是一只躲在我们心里的怪兽，有的人善于控制，再怎么逗弄，它都会乖乖地待着；有的人却一味放纵，稍有触犯，它就会跳起来咆哮，并乱伤无辜。

坏情绪是一团熊熊燃烧的火，它不是让我们热血沸腾、激情澎湃，而是让一切美好土崩瓦解、灰飞烟灭。

约翰逊先生从床上跳起来，发现昨晚对好的闹钟竟然停了。他一看手表，发现离上班时间还不到半个小时，于是便急急忙忙开车往公司狂奔。

一路上，为了赶时间，这位部门经理连闯了两个红灯，终于在第三个路口被警察拦下来，并给他开了罚单。

毫无疑问，约翰逊先生迟到了。走进办公室，这位经理有如吃了火药一般，看到桌上放着几封昨天下班前就应该寄出的信件，生气地把秘书叫进来，劈头盖脸就是一阵痛骂。

秘书被骂得垂头丧气，拿着一大沓信件，冲到总服务台，对接待小姐一阵狠批——秘书责怪服务台小姐昨天没有提醒她。

总服务台小姐被莫名其妙的一阵骂弄得心情恶劣之极，便找来清洁工借题发挥，对她的工作没头没脑地斥责一番。

清洁工下面没有人可以再骂下去，她只得憋着一肚子闷气。

下班回到家，她见到读小学的儿子正趴在地上看电视，衣服、书包、零食丢得满地都是，当下逮住机会，便把儿子好好地训斥一顿。

儿子电视也看不成了，就愤愤地回到自己的房间。见到大花猫正盘踞在房门口，儿子一时怒从心起，狠狠地飞起一脚，把花猫踢出三米多远。

无故遭殃的花猫，心中百思不解：“我这是招谁惹谁啦?”

善良

巴西经典电影《中央车站》，曾获得过40多个国际电影节大奖。电影讲述了老妇人朵拉陪同约书亚去远方寻找爸爸的故事，而这里要讲的是电影之外的故事。

电影开拍之前，年轻的导演沃尔特需要从巴西各地的小孩儿中挑选一位男主角。这天，他因事来到城市的一个车站，一个小男孩儿要为他擦皮鞋。他当时拒绝了这个孩子，于是，这个孩子问他能不能借给自己一些钱，好让他买个面包，等他擦鞋挣了钱，他一定会还给他。

这时他才发现，眼前这个瘦弱的孩子，和自己想象中的电影男主角很相似。他给了孩子买面包的钱，并且告诉他，明天可以去他的工作室找他，不但有饭吃，还可以挣钱。

第二天，当孩子来到工作室的时候，导演却惊呆了，那个擦鞋的小男孩不但自己来了，而且还带来了几乎车站所有擦鞋的孩子。

导演在这些孩子中间，发现有几个似乎更机灵、也更适合当男主角的人。但最后导演还是决定让这个孩子来试试，因为导演觉得他善良，而电影中的主角，正是一个善良的孩子。

后来的故事就简单了，这部电影获得了巨大的成功，一个在车站擦皮鞋的孩子，就此走上了“星光大道”，成为巴西家喻户晓的明星——文尼西斯。

擦鞋，可能会把手弄脏，但也可以把心灵擦亮。

我们说，机遇总是等待那些有准备的人。其实，你也无须准备太多，准备一点好品质和好教养就足够了。

神奇的药茶

一位全职主妇来到医院，她戴着帽子，围着围巾，把自己包裹得严严实实。医生看到如此打扮的女人非常好奇，问道："夫人，你哪里不舒服呢?"

主妇摘下围巾和帽子，原来她被打得遍体鳞伤，整个脸都肿了起来。医生吓了一跳："发生了什么事情?你遇到歹徒了吗?"主妇哭着说："医生，我真的不知道自己该做些什么。我的丈夫每天只要喝醉了回家，就会对我大打出手。"

"别担心，我有一种好药，就是专门为你这种情况研制的。"医生一边说，一边从柜子上拿下来一个盒子，"如果下次你的丈夫再喝醉了回家，你就用这种药。假如还不见效，我就建议你去报警。"

主妇擦了擦眼泪，好奇地问道："真的吗?那这种药该怎么服用呢?"医生回答："这是一种具有神奇疗效的药茶，当你醉酒的丈夫回家时，你就赶快用水泡一杯，然后你就用泡茶的水漱口，不停地漱口，直到你丈夫发出鼾声。"

两个星期后，主妇再次来到医院。不同于上次，这回她容光焕发，就像换了一个人似的。"医生，你的药茶简直太神奇了。每次我的丈夫喝醉了回家，我就用茶水不停地漱口，一直到他睡着了我才停下来。从那之后，他再也没有碰过我一次。更神奇的是，现在他很少出去喝酒了。"

医生笑了笑说："你瞧，保持沉默是多么重要。"

幸福的人生，并不要太多的条件，甚至，你"什么话都不说"，幸福就来了。

想一想，生活是多么宽容，在必要的时候，只要你保持一会儿沉默，它就把幸福还给你了。

你会擦桌子吗

克洛克的家境并不富裕，放学之后就在一家快餐店打工。起初老板安排他专门擦桌子，他毫无干劲，当天就溜回家了。

克洛克向父亲诉苦："我的理想是做老板，不愿擦桌子。"父亲没有反驳他，而是叫他先把自家的餐桌擦干净。克洛克拿来抹布，在桌子上随意擦了一遍，然后看着父亲，等他验收。

父亲拿来一块崭新的白毛巾，在桌子上轻轻擦拭了一下，洁白的毛巾立即脏了，上面的黑印分外刺眼。父亲指着桌子说："孩子，擦桌子是很简单的活儿。可是你连桌子都擦不干净，还能做得好什么？凭什么做老板？"克洛克羞愧难当。

克洛克回到了快餐店，他谨记父亲的教诲，每次擦桌子都要准备 5 条毛巾，依次擦 5 遍，而且每次都顺着同一个方向，为的是不让毛巾重复污染桌面。

最终，克洛克受到老板赏识，他被留下来了，并接管了这家快餐店，做了老板。10 年后他创立了自己的餐饮公司——麦当劳。

有人向克洛克请教成功秘诀，他总是自豪地说：因为我有一个伟大的父亲，他教会了我怎样把桌子擦干净。

扫不了一屋，就扫不了天下。小事不为，大事难成。

雷鲍夫法则

“雷鲍夫法则”是美国管理学家雷鲍夫总结提炼的，又被称为“建立合作与信任的法则”或“交流沟通的法则”，内容为以下8条：

1.最重要的八个字是：我承认我犯过错误

2.最重要的七个字是：你干了一件好事

3.最重要的六个字是：你的看法如何

4.最重要的五个字是：咱们一起干

5.最重要的四个字是：不妨试试

6.最重要的三个字是：谢谢您

7.最重要的两个字是：咱们

8.最重要的一个字是：您

话语是从心灵土地上开出的花朵。请你撒下赞美的种子，撒下善良的种子，撒下宽容的种子……撒下这些好的种子吧，别人看见的你，就是一座赏心悦目的花园。

省察

自我检点的智觉

HARVARD FAMILY INSTRUCTION

扣好自己的扣子

一天，亚拉巴马州红石军工厂正在举行阅兵仪式。检阅官是位一向以严厉著称的上校。

阅兵仪式进行得很顺利，上校像鹰眼一般锐利的目光扫视着队列，突然他发现了什么，径直走到一个士兵面前，上下打量了一番，厉声命令道：“请把口袋上的扣子扣好！”

这个士兵非常慌张，结结巴巴地问道：“现在吗？长官。”

“当然，马上！”军官的回答毋庸置疑。

于是，士兵小心翼翼地向前一步，伸出手，把上校衬衫口袋的扣子给扣上了。

上校顿时满脸通红，他“啪”的一个立正，恭恭敬敬地向士兵行了一个军礼。

一眼就看出了别人的过错，却丝毫没有留意自己的过错。我们惯于批评，却疏于自责。

他人是最好的一面镜子。不要只觉得别人的缺点格外扎眼，也许那正是自己的缺点。

跳出心灵的牢笼

下面是一道有趣的测试题：“请用6根火柴棒摆出4个三角形，但不能将火柴棒折断。”如果你摆了6分钟还摆不出来，也不必心灰意冷。因为根据调查，大多数人都摆不出来。

公布答案之前，我们先聊一下跳蚤。跳蚤之所以叫跳蚤，因为它前进时不是走，而是跳，并且一跳可以跳到身体的近百倍高度。但德国柏林马戏团里的跳蚤却是用走前进的，甚至会表演拉车的特技，当然，观众要用放大镜来观赏。为什么会有这种怪事呢？原来是马戏团的驯养师对跳蚤施以特殊的驯养。首先，驯养师将跳蚤放在玻璃瓶内，玻璃盖的高度比跳蚤跳跃的高度低，跳蚤一跳，头就碰到玻璃盖，它慢慢地就不敢再跳那么高；然后，驯养师逐步降低玻璃盖的高度，跳蚤也渐渐越跳越低；到最后，跳蚤就不敢再跳，而只能行走了。

经过这样的驯养，跳蚤彻底失去了与生俱来的跳跃能力。

前面那道测验题的答案其实很简单，就是将6根火柴棒摆成一个金字塔，自然就出现4个正三角形了。不少人在知道答案后，会在心里嘀咕：“你又没有说可以做三度空间的立体摆列！”但题目里并没有说“不可以”做三度空间的立体摆列。其实，多数人都是自我设限，自己捆绑了自己的思维，只会将6根火柴棒在一个平面上东移西挪，而不能或完全想不到三度空间的思考。这和被盖子压顶而不能跳跃的跳蚤有什么两样呢？

人们是怎么失去创造能力的呢？下面这个故事或许可以提

供部分的答案：有一位幼儿园的小朋友，第一次听到老师说华盛顿小时候砍倒樱桃树的故事，听得津津有味。老师在说完故事后问：“各位小朋友，你们知道华盛顿的父亲为什么会原谅他吗?”他立刻举起手，抢着回答说：“因为华盛顿的手上还拿着斧头!”班上的同学听了都哈哈大笑，老师也摇摇头，严肃地说：“不对！不对！父亲会原谅他，是因为华盛顿是个诚实的孩子。”他搔搔头，不好意思地看了老师一眼，默默坐下来。

听说这只是一个虚构的故事，但无论如何，“因为华盛顿的手上还拿着斧头”也算是个很有创意的答案，但却不被社会所认可。我们都曾经是小朋友，对很多问题其实都有过创意的看法，但大人却皱着眉头说这个不对，那个也不对，最后只剩下“因为华盛顿是个诚实的小朋友”这个答案，于是我们有了教养，成了像德国柏林马戏团里被驯养的跳蚤，失去了跳跃的能力，失去了创新的能力。

压住我们而使我们失去创新能力的盖子是无形的，那也许是我们过去所受的教育、所染习的传统观念，也许是我们惯性的思考模式、单调的生活环境。它们像一个个牢笼，我们的心灵受其监禁与驯化而不自知，只能在一个个框框内思考，忘了自己原有一个海阔天空、充满创意的心灵。

不少人埋怨自己无能力创造，其实，他们并非没有创造力，而是失去了创造力。创造者就是挣脱牢笼、跳出框架限制的人。人跟跳蚤不同的地方是：跳蚤一旦被驯养，就很难恢复跳跃的能力，但人类会反省。要想挣脱牢笼、跳出局限，必须先知道自己的头脑已经被监禁。只有挣脱无形的牢笼，才能释放我们被监禁的创造力。

玻璃瓶驯化了跳蚤，玻璃缸驯化了金鱼，陈规陋习和清规戒律驯化了人——这看不见的囚室比那看得见的更加坚固。

当别人给了你 100 个答案时，你要努力找到第 101 个，而且还要坚信，真正的奇迹可能出现在第 102 中。

巴斯德轶事

100多年前，在法国的某座车站，一位大学生登上了一列火车。他的邻座，是一位看上去像农夫的老人。老人手执一串天主教念珠，嘴里念念有词。

“先生，你还相信这些过时的东西？”学生问。

“是的，我相信。你不信吗？”老人回答。

学生笑了笑：“我不相信，我觉得这些都很愚昧。听听我的建议，把你的念珠扔掉，了解一下科学对此的解释吧。”

“科学？我不懂这个科学，兴许你能给我解释解释。”老人笑着说。

学生说：“这可不是一两句话就能说清楚的，请留下你的地址，我会寄给你一些书，你自己看吧。”

老人从内衣口袋里拿出一张纸片，然后用笔写下自己的名字和地址。

学生接过纸片一看，脸一下子涨得通红。随后，他朝老人鞠了一躬，一溜烟跑到另一个车厢去了。

纸片上写着：路易斯·巴斯德，巴黎科学研究院。

学生遇到的是巴黎科学研究院院长，世界一流的化学家和微生物学家。

因为肤浅，我们经常大言不惭地指责批评；因为无知，我们会轻易判断和怀疑。人云亦云的大道理，自以为是的小聪明，在智者的眼中都显得幼稚可笑。

世界如此之大，我们所知有限，而未知则无穷。

一块丢失的金币

第一次世界大战结束以后，一群法国士兵回到他们家乡的小镇上。

他们中的很多人都生活得不错，只有利比家要糟一些。为了保持彼此间的友谊，大家每年都要在谷冉丁家聚会一次。

一年一度的聚会又到了。在宴席上，大家尽情地饮酒，放声谈笑，只有利比郁郁寡欢。望着一桌丰盛的酒菜，利比想到了自己的妻儿，他们此时正忍受着饥饿的煎熬。想到这里，利比的泪水不知不觉地流了出来。

这时谷冉丁从口袋里掏出了一块大金币，将它递给客人们欣赏。战友们互相传看，整个客厅里充满了欢乐的气氛。

可是，散席时，谷冉丁却发现那块金币不见了。战友们都说没有拿。为了证明自己的清白，其中一位建议翻衣兜，并且他当即就这样做了。一时大家都争先恐后仿效起来，最后只剩下利比没有翻衣兜。他涨红了脸，两只手不自然地垂在身边，似乎想要遮掩什么，一道道犀利、鄙视的眼光似乎要把他生吞活剥。

“看他那遮遮掩掩的样子，金币一定是他偷的，利比是贼！”人群中有人喊了起来。

“利比偷了金币，利比是贼！”大家跟着叫嚷。

“利比，翻一下你的衣兜吧！”谷冉丁说。

利比显得更加慌张，他捏紧了口袋：“不……哦！不！”

“要是这样的话，就让他滚！”众人嚷道。

利比走在街上，不断地对自己说："我是个贼，我，我是个贼啊！"从此，利比再也没有参加过战友聚会。

几年后，谷冉丁在修理房屋的时候，从地板缝里发现了那枚金币。他急忙赶到利比家里，向他表示歉意，并问道："利比，既然你没有拿那块金币，为什么不翻衣兜呢？"

"虽然当时我没有拿那块金币，但我的口袋里却装满了食物，你让我怎么去翻衣兜？"利比说。

在昏暗的夜里，鼠标看起来真像是一只老鼠，但它怎么也不会钻进洞里。

有些事看起来似乎就是真相，实际上却不是。所以，不要太相信自己的眼睛，不要太依赖逻辑推理。许多自以为是的结论，最后被风马牛不相及的事实所嘲弄。

在金钱和友情之间，如果只容许我们相信一个的话，我们还是选择友情吧。

真正智慧的人

门萨是一个聪明人云集的组织，其成员的智商都在 140 以上，是一个名副其实的顶级智商俱乐部。

几年前，美国旧金山市举办了一次门萨大会。会议期间，几名门萨会员来到当地的一家小餐馆用餐。吃饭过程中，他们发现餐桌上一个标识为“盐”的瓶子里装的却是胡椒粉，而标识为“胡椒粉”的瓶子装的却是盐。

怎样在不造成任何泼洒的情况下，只借助餐馆现有的工具，将两瓶调料调换过来呢？这个难题一下子引起了大家的兴趣。他们自然不会畏惧这个挑战，而是满怀欣喜和热情地接受了挑战，因为，他们是门萨的会员！

几个人热烈地讨论起来，各自发挥自己的超级智慧，一连提出了 10 多个方案。最终，他们选定了一个最具才气的办法，实施这个办法仅仅需要一张餐巾纸、一根吸管和两个空碟子。

他们将服务生叫了过来，打算在她面前炫耀一下他们绝妙的解决办法：“小姐，餐桌上的盐和胡椒粉装反了，不过，我们已经为你想出了一个绝妙的解决方案！现在，只需要你为我们拿来一张餐巾纸、一根吸管，还有……”

“噢，对不起。”服务生没等门萨会员将话说完，拿起盐瓶和胡椒粉瓶，将分别写着“盐”和“胡椒粉”的瓶盖拧下来，调换到另一个瓶子上，然后把它们放回原处，微笑着离开了。

看着这样的结果，高智商的门萨会员们顿时目瞪口呆。

过分的聪明，往往会把我们引入歧途。以平常心处世，或许才是走向真理的捷径。

复杂的是技巧，简单才是智慧。

一个鸡蛋的故事

农场主博迪将一小片牧区租给了哈特。半年后，哈特被一个朋友邀请一起去经营餐厅，于是，他就决定将这片小牧区转租给保罗。

哈特走时，反复告诫保罗："其他什么事都没问题，只有一件事，你一定要守住秘密，并将这件事情坚持下去。"

保罗说："究竟是什么事情，值得这么大惊小怪?"

哈特说："也不是什么大事，但如果你要将它说出去，那就是大事了。"哈特接着说，"是这样的，在这半年时间里，我几乎每天早晨都能从我租的那片牧区里捡到一个鸡蛋，我猜想那是农场主博迪家的鸡下的。"

保罗说："我还以为什么了不起的大事呢，不就是捡到一个鸡蛋吗，将它交给农场主博迪不就得了?"

哈特说："问题可没有那么简单，如果一旦处理不好，小事就可能变成大事，正是因为这样，我才希望你别将这件事情说出去。"

保罗问："你的意思是，以后让我也跟你一样，将那些捡来的鸡蛋据为己有?"

哈特说："是的，你除了将捡来的鸡蛋吃掉，没有其他更好的办法了。请记住，我可是为你好!"

保罗问："你这是为你自己好呢，还是为我好?要知道，你已经捡了半年的鸡蛋了，一天一个，那加起来不就是180多个了？"

哈特说："随你怎么说，反正我是为你好！"

保罗等哈特一走，他便将这件事情告诉了农场主博迪，并将自己捡到的一个鸡蛋送给了农场主。保罗是一个正直的人，他可不像哈特，做一个爱占便宜的人！

在保罗将自己捡到的鸡蛋交给博迪的时候，博迪惊讶地问："这是真的吗？我的鸡真的跑到你的租区下蛋了？"

保罗说："是的，这是真的，您这不是都看到了吗，这就是您的鸡下的蛋！"

博迪说："那么，您真的确定只有一只鸡，而不是一群鸡？并且是一个蛋，而不是很多蛋？"

保罗说："是的，确实只有一只鸡，每天也确实只下了一个蛋！"

一个月后，保罗收到了博迪取消向外租赁那片牧区的通知。保罗不解地问博迪："我不明白您为什么要这么做，哈特贪了您的鸡蛋，您却依然愿意将那片牧区租给他，而我什么也没贪您的，您却要取消我的租赁资格。难道哈特做一个贪婪的人却对了，而我做一个正直的人反而错了？"

博迪说："我不管你们谁是正直的人，谁是贪婪的人。我只知道，自从你租了我那片牧区后，我就没睡过好觉，总感觉到你在欺骗我，你肯定没有跟我说实话，我养了那么多只鸡，怎么就只有一只鸡去了你租的牧场？谁能相信，只有一只鸡在那里下了蛋？而哈特却不同，自从他租了我的牧区，我就从来没有过这样的担心！"

也许你会认为博迪是一个大傻瓜，可是，在我们生活中，博迪这样的人并不在少数！

哈特不是贪婪，因为他了解博迪。博迪并非小气，因为他无法信任他人。保罗固然诚实，但他不懂处世。

人各有秉性，对待不同的人，需要以不同的方法相处。不贻害于人，不有愧于己，便是善法和良策。

巴顿将军和降落伞

第二次世界大战时期，巴顿将军通过一份来自前线的战事报告了解到，在牺牲的盟军战士中，竟有一半是在跳伞时摔死的。他十分恼火，立刻赶到兵工厂。

当时负责生产降落伞的商人名叫考文垂，见到前来兴师问罪的巴顿，他赶忙汇报说："这些年我一直在狠抓产品质量，降落伞的合格率已达99.9%，创造了当今世界的最高水平。"

巴顿怒斥道："每个降落伞都关系到一个士兵的生命，你就不能做到百分之百合格吗？"考文垂苦笑着说："我已经尽力了，99.9%是最高极限，再没有提升的空间了。"

巴顿怒不可遏。他走进车间，随意抓起一只降落伞包，大声地对考文垂说："这是你制造的产品，我现在命令你抱着它上飞机！"这个伞包刚刚下线，根本未经过任何检验，万一是次品，自己就将粉身碎骨！考文垂吓得要命，可是迫于将军的权威，只能胆战心惊地拿着伞包，上了飞机。

还算运气好，考文垂有惊无险地回到了地面。望着一脸狼狈、吓得几乎瘫倒的考文垂，巴顿大笑一声，随即严厉地说："从今天起，我将不定期来这里，命令你背着新做好的降落伞从飞机上跳下去。"

从那以后，巴顿再没去过兵工厂，盟军也再未发生跳伞伤亡事故。

多年之后，当年的下属疑惑地问巴顿："您是怎么想到那个主意的?”巴顿慢悠悠地答道：“考文垂并非不具备制造完全合格产品的能力，只是他惯于惰性思维，按一般标准行事。只有把他和前线士兵的性命拴在一起，把他的安全和产品质量拴在一起，他才会竭尽全力。”

我在开车的时候，你千万别不停地抱怨。开得慢也许不好，但总比开到灯柱子上强得多。

全力以赴是把事情做到完美无瑕为止，而不是做到自认为可以了为止。

生活中经常出现这样的情景，如果你除了最好，其他什么都拒绝接受，那么，你真的就得到了最好。

金钱买不到的尊重

富翁有钱，却得不到尊重，他为此苦恼不已。

某天，他看到街边一个乞丐，心想机会来了，便在乞丐的碗中丢下一枚金币。谁知乞丐头也不抬地仍是忙着捉虱子，富翁不由生气地叫道："你没看到我给你的东西吗?"

乞丐头也不抬地答道："一枚金币有什么了不起？不高兴你可以拿回去。"

富翁大怒，又丢了10个金币在乞丐的碗中。心想，他这次一定会趴在地上向自己道谢。不料乞丐仍是不理不睬，像什么都没有发生过一样。

富翁几乎要跳了起来："我给了你10个金币呢！你看清楚，我是有钱人，你应该尊重我，未必连道个谢你都不会?"

乞丐懒洋洋地回答："有钱是你的事，尊不尊重你则是我的事，这是强求不来的。"

富翁急了："那么，我将财产的一半送给你，能不能请你尊重我呢?"

乞丐翻着一双白眼看他："给我一半财产，那我不是和你一样有钱了吗？为什么要我尊重你?"

富翁更加生气了："好，我将所有的财产都给你，这下你可愿意尊重我?"

乞丐大笑："你将财产都给我，那你就成了乞丐，而我成了富翁，我凭什么来尊重你?"

一无所有者，反而一无所求；一无所求者，反而刚毅无畏。

金钱能买来恭维，不能买来尊敬；能买来奢华，不能买来高贵。

一碗无法拒绝的炒饭

安德鲁是美国《慈善周刊》的记者，有一次，他被安排到南非极其贫困的塔鲁洼地区采访。因为那里不仅贫困，而且还遭受了一次非常严重的地震。他希望把当地灾民最真实、最艰难和最坚强的一面展现出来，以呼吁更多的人参与到救助行动之中。

那天，安德鲁来到塔鲁洼地区最贫穷的一个小村落古萨，地震几乎让所有的房子都倒塌了，死伤人数众多。又因为救济援助没有跟上，食物十分紧缺，年迈的村长统一保管着数量十分有限的一点儿救助食物。

这天中午，安德鲁刚想回到车子里去吃点儿东西，这时，一位村人跑过来对他说："安德鲁先生，我们为您准备了一碗洋葱炒饭，您快去吃吧！"

"不、不！我车上有一些食物，我去车上吃就行了！"安德鲁正这样说着，村长已经带着另几个人走过来了，村长的手上正端着那碗还冒着热气的洋葱炒饭。

村长把那碗炒饭递到安德鲁面前，说："你的肚子一定很饿了，快吃了这碗炒饭吧！"

安德鲁有些不知所措地把那碗炒饭接到手里，但是，他却怎么也吃不下去。犹豫再三，安德鲁把饭递给村长："我真的不饿，这碗饭还是留着你们自己吃吧！"

"不！我们还有一些面包，这个你吃！"村长推着碗说。

听了这话，安德鲁更加不安，在这个时候，一碗炒饭无异于是一种奢侈品，他们自己几乎连面包都吃不上，却拿出洋葱炒饭来招待自己，他呆呆地看着眼前这碗饭，怎么也不忍心吃下去。

这时，村长似乎感觉到了什么，他脸色一沉，对那个最初叫安德鲁吃饭的人说："这碗炒饭是谁炒的？"

"是我炒的！"那位族人回答。

村长把那人拉到一边，安德鲁隐隐听见村长说："我之前就已经提醒你了，要用干净的碗碟，他们大城市里的人是非常注意清洁的，但是你看看你的碗，是多么陈旧，看上去那么脏，你让他怎么吃？"

那位村人委屈地说："是的，我按你的要求做了，我把碗洗了很多次，可这已经是我家里颜色最鲜亮、看上去最干净的一只碗了！"

刹那间，安德鲁明白了，原来这是一碗无法拒绝的炒饭！哪怕是这种善意的拒绝，也会给他们造成伤害，会让他们误以为自己在嫌弃他们！

于是，安德鲁兴奋地对村长说："我现在觉得肚子有点饿了，那我开始吃啦！"说完，他就大口大口地吃了起来！

看着他狼吞虎咽的样子，包括村长在内的所有人都开心地笑了！

后来，安德鲁在他的南非日记中写道："我终于明白，原来有时候善意的拒绝也会伤害他人；而有些时候，看似是一种残忍的接受，实际上却是莫大的尊重与友善！"

如果不体谅他人的世故习俗，只遵从自己的准则一意孤行，原本美好的动机，也会变成一种残忍和伤害。

自然的善是美好的，刻意的善就可能沦为恶。

听力测试

丈夫觉得妻子听力上可能出了问题，因为他向妻子问话，经常听不到她的回答，于是想给她配一个助听器。但是又不那么确定，他怀疑或许不是听力有问题，压根儿就是她没在听自己说话。摸不准是妻子的耳朵问题，还是态度问题，于是他打电话咨询家庭医生。

家庭医生告诉他一种测试妻子听力的简单方法。

“按照我说的去做，”医生说，“站在 40 英尺之外，用正常的语气跟你妻子说话，看她有什么反应。如果没有反应，你就到 30 英尺的地方用同样的语气和她说话，如果还是没有反应，就到 20 英尺、10 英尺的地方，直到她回答你。到时候，就可以确定她是不是需要一个助听器了。”

晚上，妻子在厨房做饭，丈夫在书房。他心想：“现在我正好在 40 英尺以外，让我来试试医生的办法。”于是，他用正常的语气对妻子说：“亲爱的，晚上吃什么?”没有反应。于是，丈夫走到距离厨房大约 30 英尺的地方问：“亲爱的，今晚吃什么?”仍然没有反应。接下来，他走到餐厅，离妻子大约有 20 英尺，“亲爱的，今晚吃什么?”依旧没有反应。他走到厨房门口，离妻子大约 10 英尺的地方，“亲爱的，今晚吃什么?”没有反应。

最后，他来到妻子的背后：“亲爱的，今晚吃什么?”

“詹姆斯，我都说了五遍，今晚吃酱炸鸡!”

人的不完美并不在于无法完美，而是总认为自己已经完美。

罗阿特的遗产

海琳·罗阿特是法国卢尔谷镇一位居民，她多年前从法国巴黎搬来居住，一直过着无人照顾的生活。

罗阿特在小镇生活的那几年，疾病缠身，痛苦不堪。但是，在这座并不大的小镇上，没有人来关心她，也没有人问过她需要什么帮助。是的，这个小镇上的人都不在乎这样一个老人，即使她步履蹒跚地走过身边，他们也不知道她叫什么名字，她为什么会出现在这里。

但是，小镇上的人们做梦也没有想到，老人去世前，立下了一份遗嘱：把她200万美元的遗产平均捐赠给小镇上的每个人。这意味着小镇上的900多人都可以得到一笔意外的财富。

老人下葬后，小镇上的人们开始等待着分配遗产。但是，律师出示的遗产声明中，附加了很多额外条件，这些条件让小镇上的人感到十分尴尬。其中有：领取遗产后，镇上最长的街应该叫罗阿特大街，镇长办公室里必须悬挂她最喜欢的油画，她的房子必须变卖给来自巴黎的人。最后一条：必须把她遗产中大部分，建造一些公寓楼，提供给那些需要帮助的穷人。

小镇上的人都不明白，老人既然捐赠了遗产，为什么还要附加那么多的条件。

牧师知道这件事后，开始不停地忏悔。有人问他，你为什么要这样做？牧师说，这是一笔会说话的遗产，难道你们还不明白吗？老人生前没有对小镇上的人说过她的名字，大家也不了解她，更没有关心过她。她要求把小镇上最长的街改名为罗阿特大街，就是告诉大家，你们应该记住我的名字。在镇长办公室里必须悬挂她最喜欢的油画，就是告诉大家，你们应该了解我，知道我的爱好。她要求把房子必须卖给来自巴黎的人，其实是想告诉大家，她来自巴黎。最后，她要求把遗产中的大部分，建造一些公寓楼，提供给那些需要帮助的穷人，意思是说，你们每个人都要懂得帮助别人。

牧师的话传开了，小镇上的人们羞愧难当。直到现在，小镇对这200万美元的遗产还不知道如何处置。因为小镇上的人们都没有勇气接受这笔馈赠。

有时候，我们宁愿去了解亿万光年之外的一个陌生星球，却不愿意了解每天从我们身边经过的一个人。

即使是一片树叶，我们都有责任去了解它。你知道那条小狗为什么呻吟？你知道那个老人为何沉默不语？你知道那个年轻人的歌为什么如此忧伤？

每一天，每一年，我们对身处的世界给予了多少关注？我们对身边的人给予了多少关注？如果我们只关心自己的事情，这个世界就成了沙漠。

人与人之间的距离，不是隔着肩膀，而是隔着心。

寻找好运的人

雅布觉得自己运气特别不好，他每碰到一个人，都会抱怨一番：“为什么你有好运气，而我就没有？”人们早就听烦了他的抱怨，冲他大叫：“雅布，你的不幸，是上帝造成的！”

由于经常听到“上帝”这两个字，雅布最终决定亲自去拜访这个著名的人物，向他要回在这个世界上属于自己的运气。

雅布走啊走，在走了三天三夜之后，他坐在岩石上休息。突然，一只老豺狼蹿了出来。“你在这里干什么?”豺狼问道。

“我去上帝那里请他给我一点儿运气。”

“那请你在碰到他时也帮我一个忙，问问他，我该怎样才能确保在死前不挨饿。”

雅布答应了，他重新出发。又是三天三夜过去，雅布看到了一座雪白的房子，在那里，他遇到一位美丽年轻的女人。年轻女人托雅布问问上帝，为什么她每天晚上都会感到忧伤。

雅布再次启程又走了三天三夜之后，他靠在一棵树下休息，那棵树很矮，干巴巴的。树拜托雅布问问上帝，怎样才能让它重新焕发生机。

雅布继续赶路，终于见到了上帝。“我从来没有什么好运气，所以我来求您给我一点儿好运气！”雅布忐忑地说出了自己的请求。“一点儿好运气？当然可以了。我刚刚在瞬间给你制造了一点儿好运气，但是必须由你自己去寻找它，发现它。”

雅布很开心，他正准备离开时，突然想到了另外三件事，于是他说出了树、年轻女人还有豺狼的请求。

上帝一一满足了他的所有意愿。雅布高兴极了，奔跑着离开了。

他跑得飞快，来到那棵树所在的地方。雅布告诉树：“上帝说了，在你的脚下埋有宝藏，是这些宝藏把水源堵住了。只要把宝藏挖出来，你就能茁壮生长。”说完，雅布准备走了。

“请等一等！”那棵树叫道，“难道要我自己挖吗？还得请你帮忙。”

“你可以用你的树枝啊！我在这个世界上终于有好运气了，我要赶紧去找它。你想让我把时间浪费在这里挖洞吗？”说完，雅布用最快的速度离开了。

他来到那栋白色房子前面，年轻女人正在台阶上等他。雅布告诉她：“上帝说，你应该找个丈夫。当你有了爱人以后，就不会忧伤了。”说完，他急着要离开。

“请等一等！”年轻女人请求道，“你愿意娶我吗？”

“绝不可能！我在这个世界上终于有好运气了，我要赶紧去找到它。再见！”

他在路上狂奔，碰见那只豺狼时，他已经上气不接下气了。雅布平复了一下呼吸，然后对它说：“上帝说，当你把世界上最愚蠢的人吃掉以后，你就再也不会饿了。”

你们相信这只豺狼会克制自己，不把雅布吃掉吗？

人生的好运，会以千姿百态的面目出现在你的面前，有的是挫折，有的是灾难，有的是麻烦，有的是痛苦……不放弃，不拒绝，好运才不会错过。

当你勤奋努力的时候，当你心怀善念的时候，当你向别人伸出援手的时候，当你真诚感恩的时候……好运气就会到你的屋外敲门。

心灵的蜡烛

亨利是个商人，人过中年，事业却屡屡受挫。因此，他情绪十分低落，常常无端地发脾气，抱怨别人欺骗了他。

有一天，他对妻子说："这个城市令我失望，我想离开这里。"亨利和妻子来到了另外一个城市，搬进了新居。

一个周末的晚上，亨利和妻子正在整理房间，突然，停电了，屋子里一片漆黑，亨利无奈地坐在地板上抱怨起来。门口突然传来轻轻的、略为迟疑的敲门声，打破了黑夜的寂静。"谁呀?"亨利在这个城市并没有熟人，也不愿意在周末被人打扰。他很不情愿地起身摸到门口，极不耐烦地开了门。

门口站着一个小女孩，她怯生生地对亨利说："先生，我是您的邻居。请问您有蜡烛吗?""没有!"亨利没好气地说完，"砰"的一声把门关上了。

"真是麻烦!"亨利对妻子抱怨道，"讨厌的邻居，我们刚刚搬来就来借东西，这么下去怎么得了!"就在他满腹牢骚的时候，门口又传来了敲门声。他满心愤怒地打开门，门口站着的依然是那个小女孩，手里多了一根蜡烛，红彤彤的，就像小女孩涨红的脸，格外显眼。"奶奶说，楼下新来了邻居，可能没有带蜡烛，要我拿两根送给你们。"

亨利顿时愣住了，他被眼前发生的一幕惊呆了，一缕烛光照进他阴暗的心灵，好不容易才缓过神来。"谢谢你和你奶奶，上帝保佑你们!"

是我们的冷漠让世界看似无情，是我们的怒火和浮躁，让世界仿佛充满麻烦。假如一开始我们就用爱的手打开房门，一开始就用温暖的心等候回应，人生的夜晚本来会多么诗意盎然!

人与猴

动物园里，大人指着笼子里的猴，对小孩说：“你知道这种动物叫什么名字吗?”

“不知道。”小孩看着上蹿下跳的猴回答。

“记住，孩子，”大人说，“这种动物叫猴，是专门供咱们人类开心的。”

“何以见得呢?”小孩问。

“不信，你瞧，”大人说着，从提包中摸出一颗花生，朝笼子里的大猴背后扔去，只见大猴急转身，略一迟疑，却用嘴接住，然后再用爪子从嘴里取出来，剥开吃掉，显得很滑稽。

小孩笑起来，说真有意思。大人也被大猴的举动逗得很开心，便来了兴致，又将另一颗花生扔进去，还是扔向大猴身后的地方，大猴故技重演，转身，跳起来用嘴接住，用爪子取出剥开，放进嘴里。

大人受了鼓舞，便不断地扔，大猴便不断地这样接，接住吃掉，或给身边的小猴。直到一大包花生全部扔完了，大人和小孩才恋恋不舍地离开。

路上，小孩问大人：“你为什么总是将花生扔到大猴的背后呢?”

大人得意地笑了，说：“猴子翻来覆去地来回折腾才有意思啊!”

大人又说：“猴子这种动物自以为挺聪明，其实被咱们耍了，它还不知道呢，真可悲！”

大人和小孩走后，动物园里，大猴指着笼子外的人，对小猴说：“你知道这种动物叫什么名字吗？”

“不知道。”小猴望着指手画脚的人回答。

“记住，孩子，”大猴说：“这种动物叫人，是专门供咱们猴子开心的。”

“何以见得呢？小猴问。

“不信你等着瞧。”这时，适逢有个大人往笼子里扔花生，扔向大猴背后，大猴急转身，略一思忖，用嘴去接住，然后再用爪子从嘴里取出，剥开吃掉，显得很滑稽。终于，那大人的一大包花生全部扔给了猴子。

他们走后，小猴问大猴：“你为什么总是用嘴去接扔进来的花生？”

大猴得意地笑了，说：“如果我用爪子去接，他们还会继续扔吗？”

小猴信服地说：“妈妈你真行。”

大猴又说：“人这种动物自以为挺聪明，其实被咱耍了，他们还不知道呢，真可悲！”

你在嘲笑的时候，也许正在被嘲笑；你觉得似乎愚蠢的行为，或许正是你看不懂的一种智慧；你觉得在主宰，其实可能正在被奴役。

少一些得意，多一些反思；少一些自大，多一些谦卑。